소비생활백서

• 쓸 때마다 돈 버는 기분, 지갑 속 지출테크닉 •

소비생활백서

구재성 지음

비즈 BIZPAPER
페이퍼

돈을 잘 쓰는 방법을 누가 물어온다면 딱히 설명해줄 만한 방법론도, 테크닉도 없다. 어떤 경우에 얼마나 돈을 써야 적절한지, 씀씀이가 헤픈 건 아니었는지, 나름대로 돈을 잘 써도 욕먹고, 제때 안 쓰면 노랭이라는 소릴 듣게 되니 이거 원 돈 모으는 것보다 더 어려운 것이 돈을 잘 쓰는 방법이 아닐까 싶다.

언제부터인가 중산층 이하에게까지도 소비행위가 마치 자기표현의 수단이 되면서 과시나 모방, 충동 소비 풍조가 만연해져 있다

아울러 돈 문제로 발생하는 각종 범죄들의 면면을 보면, 돈을 벌고 모으는 것이 어려워서 그 동기가 된 것이 아니라, 돈의 가치를 모르고 돈을 제대로 쓰는 방법조차 알지 못해 생기는 경우가 압도적이다.

그러니 작금의 전문가들이 돈을 잘 벌고, 아끼고 모아서, 잘 굴리는 방법을 알려주기보다는 먼저 돈을 제대로 알고 잘 쓰는 방법이 선행되었어야 하지 않나 하는 아쉬움이 더더욱 깊어진다. 어딜 가더라도 이 방법을 딱 부러지게 알려주는 매뉴얼이나 책 한 권조차 없었고, 친구와 선후배, 동료들의 직간접 경험을 술자리에서나 간혹 가십거리로 듣게 될 뿐이다.

그렇지만 늘 경제생활을 해야만 하는 우리로서는 지출 여부와 그 규모를 결정할 때마다 자신만의 원칙이나 가이드라인은 확고히 가져야 한다. 그러지 않다가는 머지않아 '돈지랄을 했다'는 자책을 할 일이 훨씬 많을 것이다.

타고난 예지력을 갖고 있지 않는 한, 열심히 도를 닦아서 선견지명을 갖고 있지 않는 한 '돈을 지금 써야 하나 말아야 하나?

쓴다면 과연 얼마나 지출을 해야 적정한가?' 하는 문제를 후환 없이 결정할 수 없을 여러분을 위해, 내가 아는 주변인들이 몸소 겪고 나서야 깨달은 후견지명(?)과 고금현자들의 지혜를 빌려서 이야기를 이어볼까 한다.

이 책은 아무래도 돈을 막 벌고 모으기 시작하려는 시점의 독자들에게 적합하다. 부모님께 용돈을 받아쓰는 청소년도 좋고, 신입사원, 신혼부부도 좋다. 나이 40이 넘도록 이놈의 돈은 왜 모이지를 않는지 고민하는 분에게도 충분한 자극제가 될 것이라 믿는다.

날 선 회칼이 회 뜨는 이에게는 생계를 위한 도구지만, 깡패나 양아치에게는 남을 다치게 하는 흉기일 뿐이다. 이 책 또한 돈을 펑펑 써도 마르지 않는 샘물처럼 계속 돈이 남아도는 이들과, 돈

을 잘 써야 할 이유를 전혀 모르는 이들에게는 휴지조각보다도 가치 없을 수도 있겠지만, 그렇지 않은 대부분의 이들에게는 적어도 이 책값이 아깝지 않을 정도의 이익을 드릴 것이다.

한 페이지만 보더라도 독자님들의 눈높이에서 뭔가 남을 만한 메시지를 전하기 위해서 혼신의 노력을 다했다. 이런 노력이 단 한 사람만이라도 소비생활의 변화, 소비습관의 교정이라는 결과로 나타나준다면 더 바랄 나위가 없겠다.

2007년 초여름에

구재성

· 차 례 ·

이 세상에 존재하는 위력을 가진 모든 것에는 항상 그만큼의 책임도 따른다.
돈을 가지고 있는 사람에게도 그만한 책임과 룰이 있는 법이다.

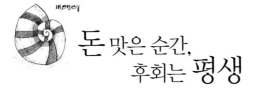

돈 맛은 순간, 후회는 평생

가급적 일본아이들의 용어는 쓰고 싶지 않지만, 그래도 우리가 흔히 쓰는 말이거니와 그 뉘앙스가 가장 잘 전달될 수 있을 것 같아서 잠시 차용하기로 한다.

'가오かお, 顔'란 일종의 허영심과 똥폼을 가리킨다. 왠지 남들에게 보여주고픈 개성을 표현할 때 "가오를 잡는다", "가오가 선다"라고 한다. 이 단어를 보면서 벌써 가슴 뜨끔한 분들 꽤 많을 것이다.

나는 또래의 유부남들도 그렇듯 비슷한 이유로 백화점 가는 것을 별로 좋아하지 않는다. 다만 백화점에서 가끔 날아오는 무료증정 쿠폰이나 할인마트보다 싸게 파는 품목이 있을 경우에 아내가 하도 졸라대서 하는 수 없이 운짱 노릇하러 가기는 한다.

카트를 밀면서 아내를 졸졸 쫓지만, 도무지 쇼핑에는 관심이 없고, 눈에 뵈는 것이라곤 세련되어가는 매장 디스플레이, 못 보던 신제품 구경과 직원들의 서비스 태도를 감시(?)하는 마케팅 학습 차원의 배회만을 일삼는다.

그나마도 아내가 일부 쇼핑중독자처럼 흥청망청 소비하느라 백화점에 가는 것이었다면 진작 한바탕 했을 것이다. 물론 절대 따라나서지도 않았을 테고.

백화점을 순회하면서 느낀 점이 있으니, 손님을 유인하는 백화점 쪽이나 이 작전에 말려드는 소비자들의 심리에 관한 것이다. 바로 '돈 쓰는 맛'이다. 돈 쓰는 맛이 소비자의 주머니를 어처구니없게 열어버리곤 한다.

이 돈 쓰는 맛은 앞에서 말한 가오와 불과 휘발유의 관계다. 예를 들어 종업원의 서비스와 아부를 만끽하면서 돈을 써야 비로소 가오가 선다는 사람이 있고, 달랑 몇 푼어치만 사면서도 소비자로서 유별나게 유세하는 사람도 바로 손님으로서 가오를 잡고 싶어 하는 것이며, 값을 깎거나 덤을 얻어내는 사람도 따지고 보면 소박한 가오의 범주에서 크게 벗어날 것 같지는 않다.

이밖에 가오를 세우려고 헛돈 쓰는 사람의 예를 들어보자. 미리 말해두건대 여러분들 중 상당수가 여기에 해당될 테지만, 그렇다고 무조건 나쁘다는 뜻은 아니니 양해를 바란다.

똑같은 물건이라도 재래시장이나 할인마트가 아닌 꼭 백화점에서 구입해야 맘이 편하다는 사람에게 왜 굳이 돈 더 써가면서 백화점에서 사려고 하는지 물으면 "왠지 백화점 상품이 믿음이 가고, 스스로 가오가 선다"고 한다. 참으로 이해할 수 없는 소비심리다. 심지어는 아무런 구입의사도 없으면서 괜히 백화점이나 고급 쇼핑샵에 들락거리는 사람도 있다.

무슨 모임에 나가면 꼭 티를 내면서 밥값이나 회비를 앞장서서 내는 사람이 있다.

온갖 잘난 척, 아는 척은 다하면서 결국 ○○변액보험에 잘못 가입했다가 보험설계사와 원수지간이 된 사람도 봤다.

동네에서 5,000~8,000원짜리 이발을 하면 똑같을 것을 굳이 2~3만 원짜리 ○○헤어커커니 ××헤어컬렉션 등지에서 젊은 아가씨가 머리털을 조몰락거려야 스

트레스가 풀린다는 머슴아도 많다. 10만 원이 훌쩍 넘는 파마를 하기 위해 예약까지 해가면서 월수입의 10% 이상 지출하는 아낙네들은 주위에 아주 흔하다.

돈의 위력을 새삼 설명할 필요는 없겠지만, 적절하게 쓰지 못한다면 같은 돈을 쓰면서도 '쪼다'라는 뒷담화를 듣게 마련이다. 이 세상에 존재하는 위력을 가진 모든 것에는 항상 그만큼의 책임도 따른다. 돈을 가지고 있는 사람에게도 그만한 책임과 룰이 있는 법이다.

영화 ≪스파이더맨≫에서
주인공의 삼촌이 유언처럼 남긴 말

Great power always comes with great responsibility.
강한 힘에는 항상 그만큼의 책임이 따른다.

Tip

| 베블렌 효과 veblen effect |

'베블렌 효과'란 '허영심에 의해 가격이 상승해도 수요가 발생하는 효과'를 말한다. 예컨대 다이아몬드는 비싸면 비쌀수록 사람의

허영심을 사로잡게 되는데 이때는 가격이 상승하면 오히려 수요도 증가한다. 베블렌 효과는 미국의 경제학자인 베블렌Thorstein Veblen이 자신의 저서 《유한계급론The Theory of Leisure Class》에서 황금만능주의 사회에서 재산의 많고 적음이 성공을 가늠하는 척도가 되는 현실을 비판하면서, 부유한 사람들이 자신의 성공을 과시하기 위해 사치를 일삼고 가난한 사람들은 그들대로 이를 모방하려고 열심인 세태를 설명하기 위해 사용한 용어다. 한마디로 '돈지랄'을 고급스럽게 표현한 단어라고 할까?

돈, 해야 할 것과 하지 말아야 할 것

money

돈을 헛되이 쓰지 않기 위해서 하지 말아야 할 것

"돈을 잘 버는 것은 남자지만, 돈을 잘 버리는 것도 남자"라는 말이 있다. 그만큼 남자라는 동물이 돈을 제대로 못 쓰고 날리는 경우가 허다하다는 반증일 수 있겠다. 돈을 버리게 되는 가장 큰 요인은 '묻지마 투자'와 '폼생폼사 정신'이다.

어디선가 누구누구가 주식투자로 한몫 챙겼다는 얘기를 들으면, '나도 종목만 잘 고르면 저렇게 되지 말란 법 있느냐'는 심보가 강력하게 작동한다. 일단 한 번 마음이 가면 온통 다른 부정적인 요소는 눈에 차지도 않는다. '개미투자자의 95%가 쪽박 찬다'는 통계에 입각한 증권가의 불문율은 내게는 해당되지 않는 말이고, 온갖 투자이론과 소문, 주식전문가의 추천종목은 나만 아는 정보라는 착각 속에서 마이너스통장까지 끌어다 무모한 투자를 하다가 쪽박을 차는 사례가 흔하다.

오로지 외길 수십 년 동안 증권투자에 몸 바친 석박사급 투자가들이 모래알처럼 많은데, 어찌 감히 당랑거철螳螂拒轍의 정신으로 대들다가 결국은 어리석은 불나방이 되려 하는지 알다가도 모르겠다.

'묻지마 투자'만큼이나 돈 날리기 좋은 재료가 '폼생폼사 정신'이다. 그 대표적인 경우가 자가용과 명품이다. 집은 없어도 자가용은 있어야 한다는 둥, 명품을 걸쳐야 대우를 받는다는 둥 어리석은 변명을 들이대면서 돈 퍼주기에 바쁘다. 그러나 분수에 맞지 않는 지출은 본인의 의지와는 전혀 다른 결과를 초래한다.

적어도 1,000만 원이 넘는 자가용을 살 돈이 있다면, 내 집을 마련하는 데 보태야 한다. 그렇게 되면 집이 더 빨리 생길 뿐만 아니라, 덤으로 자가용 유지비로 나갔을 돈이 대출금 상환하는 데 보탬이 될 테고, 그렇게 몇 년만 잘 참아주면 훗날 더 좋은 자가용을 속 편하게 굴릴 수도 있다.

몸뚱이에 명품을 걸치면 타인의 존경을 받겠는가? 그 명품에 걸맞은 처신과 지성을 보여주지 못한다면, 그것을 바라보는 동료

중 백에 아흔아홉은 그를 '얼간이'라고 부를 것이요, 나머지 한 명은 그를 '봉'이라고 여겨서 홀딱 벗겨먹을 궁리만 할 것이다.

돈을 잘 쓰기 위해 반드시 챙겨야 할 것

결론부터 말한다. '1가구 1가계부, 1인 1용돈기입장'이다. 가계부나 용돈기입장을 잘 쓰면 1년도 되지 않아서 상상도 못했던 마술을 체험하게 된다.

- 모든 수입과 지출을 기록하게 되므로 보다 현실적으로 돈의 흐름을 체감하게 된다. 알아서 통장에서 드나들겠거니 내버려둔 돈과, 정기적으로 가계부를 쓰면서 드나드는 돈은 육안으로 직접 확인한다는 면에서 각각 느껴지는 필feel이 다르다.

- 지출되는 모든 세세한 항목을 가계부에 기록하다 보면 가슴 아프도록 후회스러운 지출을 발견하게 된다. 그만큼 안 써도 될 곳에 돈을 쓴 것이 확연히 드러나게 되고, 그 가슴 아팠던 기억은 그 다음 달부터 바로 효험을 나타낸다. 장담하건대, 안 쓰던 사람이 가계부를 쓰게 되면 총지출이 30% 이상 줄어든다.

☞ 가계부는 집안의 역사가 된다. 한 달간 쓰면 한 달 동안 무슨 짓을 했는지 일기처럼 새록새록 기억이 난다. 10년을 썼다면 자식에게 물려주어도 좋을 가계 문화유산이 되고도 남는다. 이런 부모를 존경하지 않을 자식이 있다면? 자식 잘못 키운 거다.

☞ 가계부는 돈을 벌게 해주는 것이 아니라, 돈을 관리해주는 기능을 한다. 자수성가를 통해 큰 부자가 된 사람들은 이구동성으로 "부자가 되거나 가난을 벗어나게 해주는 비법은 돈을 더 많이 벌거나 뛰어난 재테크 실적을 보인다는 데 있는 것이 아니라 돈을 잘 관리해서 쓸데없이 새는 돈을 막는 것"이라고 말한다. 즉 가계부는 부자가 되는 지름길을 알려준다.

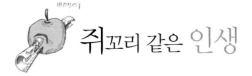

쥐꼬리 같은 인생

　　　잠자는 시간을 빼면 좋든 싫든 대부분의
시간을 직장에서 보내야 하는 봉급쟁이들의 한결같은 푸념은
그저 '쥐꼬리만 한 월급'일 것이다. 연봉 5,000만 원이 넘는
사람도, 2,000만 원이 안 되는 사람도 모두 자기 봉
급이 쥐꼬리라고 한다. 어쩌다가 그런 비유가 생기게 되었
는지는 모르나, 이렇게 말하는 사람들의 공통점을 보면 제대로
돈을 모으거나 쓸 줄 아는 사람이 거의 없다는 점이다.

　직장에서 근로의 대가로 받는 월급이나 수당이 얼마나 소중
한 것인지 모른다면 퇴직할 때까지 자신의 봉급이 아무리 많아
지더라도 오로지 쥐꼬리로만 부르게 될 것이다. 그렇다면 매월

받는 봉급의 소중함을 알기 위한 방법이 무엇일까?

일단 월급의 성격을 다시 한 번 되새겨보자. 우선 매달 월급날만 되면 내 통장에 꼬박꼬박 입금되어 들어온다는 점이겠다. 봉급은 내 자신과 내가 지켜줘야 할 식솔들이 살아갈 양식이다. 또한 그동안 갈고 닦은 나의 능력을 평가해주는 지표이자 잣대, 미래에 닥칠 여러 금전적인 과제를 풀어줄 수 있는 금고다.

이런 자신의 봉급을 폄하하거나 불만을 갖는 사람은 아이러니컬하게도 대부분이 결국 그 봉급의 노예로 전락하다가 근근이 살아가거나, 극소수만이 개인사업자로 변신하는 데 성공한다.

경영자나 주주의 입장에서 바라봤을 때, 당신이 받는 봉급이 맡은 업무능력과 실적에 비해서 적다고 여기겠는가? 어느 술자리에서 유통사업을 하는 친한 형님으로부터 들은 말이다.

"아우님아. 넌 회사에서 월급을 얼마나 줬으면 좋겠냐?"

"그걸 말씀이라고 하슈? 당근 다다익선이지."

"네가 회사에서 어떤 업무를 얼마나 잘하는지는 모른다만, 우리 회사 전체 직원 30명 중에서 봉급이 아깝지 않은 직원은 다섯 명뿐이다. 나머지는 없어도 회사 굴러가는 데 별로 지장 없을걸? 이런 말 했다고 우리 직원들에게 꼰지르면 죽어!"

여러분 가슴에 손을 얹고서 자문해보라.

☙ 과연 나는 우리 회사에서 제값을 하는 사람인가?

☞ 내가 없어도 우리 회사는 잘 굴러갈까?

☞ 내가 사장이나 주주라면 나 같은 직원한테 얼마 정도의 봉급을 주고 싶을까?

내가 받는, 또는 벌어들이는 돈을 감사하게 여기지 않는다면 당연히 돈을 쓰는 것도 불 보듯 뻔하다. 여태 자신의 봉급을 쥐꼬리라고 표현했던 여러분들이 이제부터라도 문득 '피 같은 소중한 돈'이라고 여기겠다면 다음 페이지로 넘겨도 좋다.

Tip

| 임금의 범위 |

근로기준법 제18조는 임금을 '사용자가 근로의 대상으로 근로자에게 임금, 봉급, 기타 어떠한 명칭으로든지 지급하는 일체의 금품'이라고 정의하고 있다. 아래의 경우에는 개별적인 사안에 따라 해석상, 판례상 임금으로 인정되기도 한다.

▶ 가족수당, 자녀 학자금보조비 등

▶ 식사의 제공 또는 급식비

▶ 특별상여금

▶ 체력단련비, 휴가비

▶ 휴일수당, 연월차휴가수당

▶ 시간외 · 야간 · 휴일근로수당

▶ 출 · 퇴근 교통비, 차량보조금 등

▶ 고객으로부터 받는 봉사료가 월급의 전부인 경우

▶ 사용자로부터 분배받는 봉사료

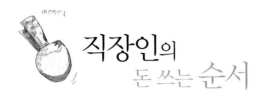

직장인의
돈 쓰는 순서

　　　　　무릇 주운 돈, 노동으로 번 돈, 로또 당첨된 돈, 이잣돈 등 모두 그 액면만큼의 가치는 똑같다. 그렇지만 회사에서 준 봉급만큼은 상대적으로 힘들게 번 돈이라서 그런지 그만큼 더 애틋하고 소중하게 써야만 할 것 같다. 봉급은 내 상황에 맞춰진 고정적인 수입이기 때문에 다른 돈보다도 더욱 체계적이고 계획적으로 쓰지 않으면 안 된다.

　　지금부터 우리 샐러리맨들이 피 같은 봉급을 어떻게 쪼개 써야 할지, 우선순위를 어떻게 정할지 소개하고자 한다.

무조건 빚 먼저 갚아라

남의 돈은 그 존재만으로도 리스크라 할 수 있다. 내집 마련하느라 빌린 은행대출이나 마이너스통장, 부모님으로부터 얻어쓴 돈, 지인에게 급하게 빌린 돈, 기한을 정하지는 않았어도 언젠가는 되돌려줘야 할 빚 등등은 모두 여유가 되는 대로 갚아나가야 할 남의 돈이다.

혹자는 오늘의 인생이 궁색할 수는 없으니, 일단 쓸 건 쓰고 남은 돈이 있으면 빚을 갚든지 적금을 들었다가 한꺼번에 갚겠노라고 한다. 무슨 심보인지 대체 알 길이 없다.

남의 돈을 궁둥이에 깔고 앉아 우선 내 몸 먼저 챙기기부터 하면서 남의 돈 무서운 줄 모르는 사람은 반드시 큰 코를 다친다. 이런 사람은 주위로부터 돈 문제에 관한 한 신뢰를 얻을 수 없을 뿐만 아니라, 돈 씀씀이에 있어서도 계획성이나 절약개념이 있을 리 만무하므로 더 큰 빚의 위험에 노출되게 된다.

돈 생기는 족족 모두 빚 갚는 데 쓰게 되면 돈 모으는 재미가 없으므로 적금이라도 조금씩 들어두자는 생각도 그릇된 선택이다. 여러분이 채권자라면, 매월 원금의 1%라도 돈 생기는 대로 꾸준히 갚는 사람이 믿음직하겠는가, 아니면 적금을 들었다가 만기되면 목돈으로 갚겠다는 사람이 믿음직하겠는가? 게다가 그런 문제를 떠나서 대출금리보다 높은 금리를 주는 적금상품이 있을 수 있는가?

반드시 자기계발을 위한 부분을 쪼개둔다

자기계발을 왜 해야 하는지 새삼 피력하지는 않겠다. 책을 구입하거나, 학원 수강료, 헬스클럽 사용료 등은 지속적인 봉급의 확보를 위해서도 필요하거니와 이런 자기계발 비용은 곧 더 많은 봉급을 위한 투자자금이 될 것이다. 톡톡 튀는 능력이 있거나, 든든한 연줄이 있는 것이 아니라면 자기계발 차원의 무엇을 해야 할는지 당장이라도 심각하게 고민을 해보기 바란다.

부부 〉 부모 〉 자식 순으로 지출순위를 설정한다

이 순서가 거꾸로 되어서 아주 많은 사람들이 가장 먼저 자식 새끼들의 교육비와 몸보신 비용을 챙기고 나서야 부모님과 자신들을 위한 지출규모를 정하곤 한다. 나 자신, 혹은 부부가 우선시되고 행복해야 이를 바라보는 부모님과 자식도 편안할 수 있다. 아내와 남편이 중심이 되고, 그 다음에 부모님을 위해 쓰게 되면 자식은 저절로 그것을 보고 배우게 되므로 사교육 안 시키고 좋은 대학 안 가도 부모 원망 안 하고 알아서 착하게 잘산다.

보험은 보장성으로 충분하다

보험료는 99% 이상 소멸성 비용이지만 결코 외면할 수 없다. 물론 종신보험이나 자동차보험, 저축성 보험을 일컫는 것이 아니다. 저축성 보험은 생돈 버리는 짓이므로 기부를 하는 편이 차라리 나을 테니 어떤 감언이설에도 반드시 외면해야 할 것이고, 대부분이 가입했다는 종신보험 또한 그 비용에 비해서 효용가치는 매우 떨어진다.

사회안전망의 확충과 의료기술의 발달로 종신보험이 보장해주는 위험, 즉 사망확률은 급속도로 희박해진다. 보험금을 타먹을 확률보다는 그동안 성실히 불입한 수천만 원의 종신보험료가 더 아까워질 확률이 수백 수천 배는 더 크다는 말이다. 그런 희박한 확률의 위험이라면 차라리 용기 있게 무시하는 편이 낫다. 그래도 간덩이가 그 정도로 크지 않다면, 또 갑작스레 닥칠 리스크에 대비하기 위해서라도 보험 한 개쯤은 들어두는 편이 낫다. 월 2~4만 원이면 어지간한 질병이나 사고에 대해서 뜬금없는 금전적 지출을 커버해줄 만한 보장성 보험상품은 널렸으니 찬찬히 살펴보기 바란다.

그리고 가입한 지 몇 년 되지 않은 종신보험이 있다면 지금이
라도 주저 없이 해지해도 좋다.

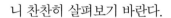

저축과 투자로 미래의 희망을 키운다

다행이 빚이 없는 상태라면 생
활비를 결정하기 전에 저축금액
을 먼저 최대한으로 정한다. 단,
아직 빚이 남은 상태라면
언감생심 저축과 투자는
꿈도 꾸지 마라.

저축은 최소한 수입
의 40% 이상으로 설정하
고, 남은 돈의 범위 내에

서만 생활비와 용돈 등으로 충당한다. 저축한 돈은 남에게 줘버린 돈으로 여기고 아예 잊는 것이 속 편하다.

이렇게 들어오는 수입이 까딱없을 때 미리 차곡차곡 저축해 두면, 그 분량만큼 미래에 닥칠 불시의 생존위협에 대해서 튼튼한 방어막이 형성된다.

나는 투자보다는 적금을, 적금 중에서도 장기주택마련저축과 1년 단위의 만기 적금을 선호한다. 만기가 된 적금은 2~3년짜리 예금에 넣고 푹 삭힌다. 이것이 최근 선풍적인 인기를 끌고 있는 오모리 찌개의 재료인 묵은지를 빗댄 일명 '오모리 저축법'이다.

수년간 재테크 상담을 해주었던 모든 경우에 있어서 중산층 이하의 질문자에게는 이 원칙을 깨지 않았다. 주문자의 성향에 따라서는 적은 비중의 간접투자와 주식저축 요령을 권하기도 했다.

경조사비와 용돈

경조사비는 예측할 수 없는 지출요소이므로, 별도의 경조사 계좌를 두고 항상 부족하지 않게끔 푼돈이나 눈먼 돈 등이 생겼을 때마다 적립해두면 심리적으로 편안하다.

직장생활을 하는 사람에게 월 용돈규모가 얼마인지를 물어보게 되면 그 사람의 업무가 어떤 분야인지도 추측이 된다. 내근만 하는 업무라면 교통비와 점심값 정도가 될 것이고, 외근이나 접대가 잦은 업무라면 두어 배로도 부족할 것이다.

회사 내에서 갑작스럽게 경조사나 회식비용을 걷게 된다면 머뭇거리지 말고 누구보다 먼저 기꺼이 찬조(?)하는 것이 좋다. 그리고 어쩌다가 단체의 술값이나 밥값을 어느 한 사람이 내야 할 일이 생긴다면 주저하지 말고 1번 타자가 되는 것이 유리하다. 무엇이든지 '최초'는 사람들이 기억해준다. 다음 차례부터는 그 1번 타자는 항상 열외가 될 수 있다. 야구경기에서 1회 첫 타석에 들어선 타자는 모든 관중이 주목하여 크게 박수를 쳐주고, 그 타자를 기억해주며, 설령 범타에 그치더라도 아무도 욕하지 않는다.

생활비가 가장 마지막 순위인가?

위에 열거한 것들을 우선으로 하여 쪼개보니, 남는 생활비가 여의치 않아서 굶어죽을 수는 없지 않은가? 생활비는 하찮게 여

거도 좋다는 의미가 아니라, 당장 먹고 살 생활비보다는 급하지는 않지만 장기적으로는 생활비보다 중요하게 작용할 여러 지출요소에 더 큰 비중을 두자는 것이다.

저축이나 빚 갚을 돈을 먼저 쪼개두고 남는 돈을 생활비로 쓰는 사람과, 이것저것 쓸 생활비를 먼저 확보해두고 남는 돈으로 저축하는 사람의 10년 후의 결과가 어떨지는 번거롭게 다시 말해서 무엇하리?

쓰는 돈 중 제일 아까운 것은?

가계부를 써나가노라면 제일 한심스러우면서 아까운 지출항목이 바로 술값, 담뱃값과 외식비, 차량유지비일 것이다. 그런데도 달이 바뀌고 해가 바뀌어도 이 비용은 거의 줄지 않는다. 아니 오히려 늘지나 않으면 다행이다. 술값, 담뱃값, 가족들과의 오붓한 외식, 자가용이 가져다주는 만족감을 금액으로 환산하자면 다른 어떤 것보다도 가치지향적일 수도 있겠다. 그럼에도 불구하고 이런 비용을 점차 줄여가지 못한다면, 몇 년만 지나면 그런 비용들을 아예 없애거나 크게 줄였던 다른 집과 비교했을 때 어떤 모습이 되어 있을지는 차디찬 여러분의 머리로 계산하면 금방 비교가 되리라 믿는다.

| 직장인의 돈 쓰는 순서 |

1. 대출금부터 상환하자.

2. 자기계발비를 확보하자.

3. 부부〉부모〉자식의 우선순위를 정하자.

4. 보장성 보험을 들어두자.

5. 저축과 투자에 전력을 다하자.

6. 경조사비와 용돈을 준비하자.

7. 남은 돈으로 생활비를 설계하자.

아는 것이 돈이다

　　　　　요즘 어지간한 대형마트에는 자동차 정
비업소가 있기 마련이다. 고객 입장에서야 당연히 적잖은 정비
시간 내내 멍하니 기다리는 것보다 쇼핑과 자동차 정비를 동시
에 해결할 수 있어 시간낭비를 줄일 수 있다. 마트의 입장에서는
표면적으로는 고객편의를 내세우지만, 정비업체로부터 입점료
를 받아먹는 이점과 더불어 고객들의 차가 정비되는 동안만큼
은 쇼핑을 강제하는 효과를 노렸을 것이다.

　　얼마 전 아내와 함께 마트를 찾았다. 도착하자마자 주차장 안
에 자리 잡은 자동차 정비업소에 6만km쯤 주행한 승용차 앞바
퀴 타이어 교체를 의뢰하고서 꽤 오랫동안 돌아다녀야 했다. 주

말이라 그런지 일감이 밀렸다면서 정비소 직원은 한 시간 후에 찾아오라고 했기 때문이다.

우리 부부의 쇼핑시간은 원칙적으로 30분으로 정해놓았고, 이 제한시간을 넘긴 적은 거의 없다. 그렇게 하면 필요한 것만 재깍 사게 되고, 필요하지 않은 물건까지 탐하게 될 여지가 줄어들기 때문이다. 이 원칙을 지키기 위해서 우리는 30분 동안 쇼핑을 끝내고 나머지 30분간은 소음과 악취를 참고 정비 중인 차량 옆에서 감시 아닌 감시를 했다.

차량을 구입한 지 약 3년 남짓 되니 앞 타이어가 거의 마모되었다. 차량 매뉴얼대로라면 5만km쯤부터 네 개 모두 교체했어야 했는데, 별문제 없을 듯해서 좀더 기다렸다가 상대적으로 마모가 심한 앞쪽만 교체하기로 했다.

정비소 직원은 한꺼번에 네 개를 모두 교체하라고 재삼차 권유했지만, 전륜구동 차량의 경우 바퀴 위치를 한 번도 바꾸지 않은 상태로 쭉 운행했다면 뒷바퀴는 권장 교체시기인 5만km보다 1~2만km 이상은 더 주행해도 별 무리가 없다는 점을 일러두고 싶다.

이번에 교체한 것은 4등급의 타이어 종류 중에서 두 번째로 좋은 등급이다. 제일 좋은 것은 외제차 전용 타이어로 공임 포함 30만 원짜리였고, 3등급은 17만 원이다. 교체한 타이어 값으로 22만 원이 나왔는데 1만 원을 깎아서 21만 원에 흥정을 봤다.

물론 포인트 적립율이 가장
높은 H카드로 계산했고, 마
트에서 발급해준 멤버십카
드를 제시하니 0.5%의 추가
적립금도 생겼다.

우리가 돈 잘 쓰는 법에 대
해 이야기하고 있으며, 그러자면
타이어 하나라도 값싼 거 써야 되지 않느
냐고 반문한다면 아직 한참 모르는 이야기다.
나는 자동차 부품 중에서 타이어와 배터리, 그
리고 엔진오일만큼은 시판되는 제품 중에서 상
대적으로 좋은 것으로만 고른다. 물론 그렇
다고 무조건 비싼 것을 쓴다는 말은 아니다.

벌써 15년 정도 지났지만, 대학에 다니고 있
을 때 평생 쓸모가 있을 것 같아 불현듯 방학기간을 이용해 자
동차 정비 기본과정을 공부했더랬다. 그때 확실하게 배운 것이
바로 '자동차 소모품은 시판되는 것 중 가장 좋은 것을 골라 써
야 결국 안전하고 내구성도 좋으므로 경제적인 절약효과도 훨
씬 크다'는 것이다. 게다가 차 값이 얼만데?

오늘 정비소에서 조금 좋은 타이어를 썼다는 이유로 몇만 원
비싼 대가를 지불했다. 그렇지만 쓸데없이 네 개의 타이어를 모

두 교체할 필요도 없었고, 그나마도 더 오래 쓸 수 있는 타이어를 얻게 되었다. 이처럼 시간적인 여유가 많은 젊은 시절에 잠깐 배워둔 정비지식은 평생토록 여러모로 써먹을 기회가 많았으니, 15만 원가량의 학원비가 전혀 아깝지 않다는 생각이 든다.

물론 나라고 해서 반드시 무결점의 합리적인 소비만 하는 것은 아니다. 가끔은 싼 것에 혹했다가 몇 번 못 쓰고 버린 경우도 있고, 남들이 공짜로 준 것을 좋아라하며 덥석 받았다가 애물단지가 된 경우도 종종 있었다. 재활용할 수도 있는 물건임에도 미처 몰라서 쓰레기처리 한 적도 많고, 공간활용을 제대로 못해 안 사도 될 것을 산 적도 있었다.

"아는 것이 힘이다"와 "아는 게 병이다"라는 말을 함께 놓고 보자. 도대체가 많이 알라는 것인지, 굳이 많이 알려고 하지 말고 단순 무식하게 살라는 것인지 당최 헷갈린다.

만약 둘 중에 하나만 골라야 한다면 난 주저 없이 전자를 택하겠다. 아는 것이 많으면 인생을 살면서 여러모로 이로울 뿐만 아니라, '알아서 병이 될 만한 일'이라면 눈치껏 골라서 모르면 되니까 말이다.

두 가지 상충되는 말은 다음과 같이 고쳐야 할 것 같다.

"지혜는 알면 알수록 힘이 되고, 분별없는 지식은 알수록 병이 된다."

덧붙여 자동차 이야기가 나온 김에 한 가지 더. 나는 1급 장애인인 어머니를 모시며 살고 있는데, 국가에서 장애인을 부양하는 가족에게 경제적 부담을 덜어주려는 취지인지는 몰라도 주민등록상 동거하는 가족이 있는 경우 여러 가지 혜택뿐만 아니라 차량에 있어서도 제법 복지 비스무리한 혜택을 하사해준다. 국내 장애인으로 등록된 사람이 160만 명쯤이라고 하니 일가족 중에 장애인이 있다면 함께 살면서 이런 혜택도 챙겨볼 필요가 있지 않을까?

Tip

| 장애인을 위한 자동차 관련 각종 세제혜택 |

물론 함께 거주해야 하며, 차량이 장애인 명의이거나 공동명의로 되어있어야 한다.

▶ 구입단계에서 배기량 2,000cc 장애인용 승용차량은 특소세와 취득세, 등록세, 공채구입 의무가 면제된다.

▶ 보유단계에서 내는 연 2회의 자동차세는 완전 면제다.

▶ 주행단계에서 장애인용 LPG차량의 경우 월 250리터 한도 내에서는 충전할 때마다 LG카드에서 발급해준 복지카드로 결제할 경우, 약 30% 가량이 할인된다. 동사무소에서 신청할 수 있다.

▶ 기타, 고속도로 요금은 절반 할인, 공공주차장 요금은 80% 할인, 남산터널 등 유료터널에서는 통행료 면제 등의 혜택이 있다.

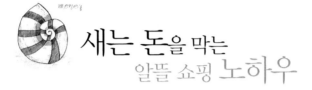

새는 돈을 막는
알뜰 쇼핑 노하우

우리 부부는 마트에 가기 전에 항상 먼저 끼니를 해결한다. 허기진 상태에서 쇼핑을 하게 되면 이상하게 시리 눈에 보이는 모든 것이 먹음직하게 보이고, 언젠가는 먹게 될 것이라는 자기합리화를 하면서 금방 먹지도 못할 먹거리를 한꺼번에 많이 구입하게 된다는 것을 깨달았기 때문이다.

그리고 우리는 출발 전에 반드시 무엇을 살 것인지 미리 품목 정리를 하고 메모지에 적어둔다. 이왕 자동차를 가지고 갈 것이니 한 번에 왕창 사게 되는 심리도 경계하게 되고, 가격이 더 저렴한 근방의 장터에서 취급하는 물건은 없는지 살펴볼 수도 있기 때문이다.

여기에 또 한 가지 원칙이 있으니, 바로 웬만하면 부부가 함께 쇼핑을 하는 것이다. 자동차가 있고, 잘 굴러가는 매장 카트도 있어서 부부 중 한 명만 가더라도 힘들이지 않고 얼마든지 쇼핑이 가능한데 뭐 하러 매번 둘이 한꺼번에 쇼핑을 다니느냐, 굳이 두 명이 함께 움직이게 되면 한 명분의 시간이 낭비되는 것이 아니냐고 할 수도 있겠지만, 만약 여러분이 남편이라면 아내 혼자 장보러 보내놓고 집에 혼자 남은 한두 시간을 몹시도 소중히 여긴 나머지 다른 생산적인 활동을 해본 적은 있었던가? 몰래 야동을 다운받아 보지나 않으면 다행이다.

이제부터는 반드시 둘이 함께 장을 보면서 다음과 같이 혼자하는 것보다 좋은 점을 깨우쳐보기 바란다.

첫 번째, 둘이서 쇼핑하게 되면 혼자서 할 때보다 충동구매나 어느 한 사람만을 위한 소비를 견제하는 효과가 탁월하다. 떨이가 어쩌고, 특별 할인판매 어쩌고 하는 솔깃한 판촉행사에도 대범하고 냉정해질 수 있다. 허나 부부가 모두 개념 없이 흥청망청하는 사람이라면 차라리 덜 망가진 혼자 가는 게 낫겠다.

언제 생겼는지 모르겠지만 충동적인 소비를 하는 사람을 일컬어 "지름신이 강림했다"라는 표현을 쓴다. 어원이야 어떻든 무척 재미있는 표현이다.

누구나 인정하지 않을 수 없는 것이, 언제 어디서건 손님대접 받으면서 돈 쓰는 맛은 돈 버는 맛 저리 가라 할 정도로 기분이

삼삼하다. 하물며 지름신이 강림한 순간의 그 심리는 더 말할 나위 없겠다. 다행히도 이 지름신이라는 녀석은 지극히 단순한 자아도취형 신이라서 그런지, 막 질러보려는 순간에 동행한 사람이 한 사발 정도의 찬물만 끼얹더라도 순식간에 도망쳐 사라져 버리곤 한다.

두 번째로 부부가 같이 다니면 함께 외출해서 공연을 보거나 산책하는 것과 비슷한 효과가 있다. 따로 시간을 내 영화를 보고 어딘가를 돌아다녀야만 부부애가 돈독해지는 것은 아니다. 뭐든지 같은 일을 함께 한다는 것은 설령 그 짓이 도둑질이라 할지라도 애틋한 감정이 솟기 마련이다.

가끔 나이 든 남자 혹은 여자 혼자서 카트를 밀고 다니면서 쇼핑하는 것을 보면 그 속사정이 어떻든지 별의별 생각이 다 든다.

"저 남자는 공처가인가? 아니면 노총각? 어휴, 청승맞기도 해라."

"저 아줌마는 남편이 맨날 부려먹기만 하나 봐? 어머머! 혼자서 저 많은 걸 어떻게 들고 간다니? 남편이 모질기도 하지. 쯧쯧."

이런 말을 해대면서 별 쓰잘머리 없는 오해를 하기도 한다. 부부상담 전문가 김병후 박사는 "아내에게 있어서 남편과의 쇼핑은 사랑을 확인하는 일이다"라고까지 말한다.

이번 주말에는 부부가 머리 맞대고 무엇을 사야 할지 상의해

보고 집에서 식사를 하고 나서 소화도 시킬 겸 손잡고 함께 쇼핑데이트를 해보자. 부부의 금슬도 좋아지고 가계생활비도 훨씬 줄어들 것임을 확신한다.

소비자를 유혹하는 웰빙 마케팅

지난 주말에는 손님이 온다기에 아내가 언니한테 배웠다는 월남쌈으로 맘껏 솜씨를 발휘하겠다며 결의에 차 있었다. 아내는 열 가지가 넘는 재료를 일일이 적어놓고 마트를 가자고 채근이다.

마트에 도착하자마자 곧장 야채코너 쪽으로 향했다. 한창 야채를 고르는 중에 부부로 보이는 한 쌍이 정신없이 호들갑을 떨고 있는 모습이 보였다.

아낙 이상하다. 이건 유기농이라고 씌어 있는데 저쪽에 있는 다른 일반야채보다도 값이 싸네?

신랑 이히히, 잘됐다. 그동안 비싸서 못 먹었던 유기농야채를
이번 기회에 왕창 사서 웰빙족 한 번 돼보자.

아낙 웰빙 좋아하네. 저건 분명히 물건에 하자가 있는 걸 거야.
싼 건 아무래도 문제가 있더라고. 싼 게 비지떡이라잖아?

이들의 대화에서 두 가지 포인트를 짚어볼 수 있다.

· 과연 싼 게 비지떡일까?
· 유기농식품이 모두 웰빙식품일까?

둘 다 맞을 수도, 둘 다 틀렸다고 할 수도 있다.

재래시장보다는 할인마트를, 할인마트보다는 백화점을 선호
하는 소비자들의 심리는 바로 '돈 쓰는 맛'이 그 주요인이라고 앞
에서 언급했다. 돈 쓰는 맛이 파생시키는 여러 가지 맛이 있는데,
그중 하나가 바로 심리학에서 일컫는 소위 '플라시보 효과'다.

'재래시장에서 파는 상품보다는 대형마트나 백화점에서 파
는 것이 믿을 만할 것'이라든가, '어쩐지 더 우수한 품질일 것'이
라는 증명되지 않은 막연한 신뢰감 때문에 똑같거나 유사한 물
건이라도 좀더 비싼 값을 주고서라도 전격적으로 구매를 결정
한다.

그 마트의 유기농야채에 하자가 있어서 값이 쌀 것이라 단정

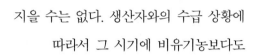

지을 수는 없다. 생산자와의 수급 상황에 따라서 그 시기에 비유기농보다도 싼 원가로 들여왔을 수도 있다. 만약 그 마트에서 그 유기농야채를 두 배의 가격으로 팔기로 결정했다면 어땠을까? 아마 절반 값으로 판매했을 때보다 훨씬 많이 팔렸을 것이다.

이런 불합리한 소비자심리를 잘 아는 고로 대부분의 마케팅 책임자는 가격을 정할 때, 조달원가와는 전혀 상관없이 소비자가를 책정하기도 한다. 똑같은 옷이라도 전년도 이월상품이라고 하면 헐값이라도 거들떠보지도 않고, 신상품 코너에 있다면 좀더 비싸더라도 구매하게 되는 심리와 마찬가지다.

그렇다면 유기농야채는 우리 건강을 좋게 하는 소위 웰빙식품일까?

나는 비단 개인들의 건강 때문만이 아닌, 환경과 농민보호를 위해서라도 언젠가는 순수 유기농야채만 먹게 되기를 바란다. 그렇지만 돈을 효과적으로 써야 할 사명이 있는 여러분들은 아직은 일반야채보다 훨씬 비싼, 심지어는 10배쯤 더 비싼 유기농식품을 구매할 때는 냉정한 기준을 가지고 구입할 필요가 있다.

실제로 경북 영주에서 과수원을 운영하는 김군의 말을 빌려 보자.

"사람들은 참 바보예요. 지금 시중에서는 모양새 반듯하고 큼지막한 과일이 제일 비싸게 팔리고 있거든요. 그런데 그런 것들은 전부 농약과 화학비료에 찌든 것이라고 봐도 무방해요. 자연 상태로 키운 과일은 못생기고 크진 않아요. 왜냐하면 어떻게 알아내는지 벌레랑 새들이 자주 쪼아 먹어서 모양새가 엉망이고 썩기도 쉽죠. 이런 것들은 제 값 받고 팔지는 못해서 우리가 먹든지 이웃에게 나눠주지요. 그런데 아이러니컬하게도 이것들이 맛은 훨씬 좋답니다. 유기농야채들도 마찬가지예요. 순수 유기농이랍시고 키운 야채는 전무하다고 보면 돼요. 농약을 안 치면 제대로 수확이 안 되거든요. 필수적인 농약은 사용할 수밖에 없어요. 그러니까 괜히 유기농이니, 생김새 따위만 보면서 비싼 것만 고르지 말고, 싸면서도 싱싱한 것으로 골라서 깨끗하게 씻어 먹는 게 현명한 선택입니다."

웰빙 열풍을 따라서 즐겨 찾는 유기농야채를 많이 먹게 되면 우리 몸이 얼마나 건강해질지 궁금하다. 계량화시키기는 힘들지만 그걸 먹으면 내 몸이 1%쯤 더 건강해질까? 값비싼 웰빙 음식만 먹었더니 불치병이 나았다든지, 구체적으로 영양상태가 개선

되었다는 어떤 보고서도 본 적이 없다. 월 10만 원을 더 지불하고 웰빙 음식을 먹느니, 그 돈으로 다른 신선한 과일을 섭취하거나, 운동량을 늘리거나, 영양제를 사먹는 편이 더 낫지 않을까?

우리는 오늘 쇼핑에서 총 35,600원을 결제했다. 엄니가 드시고 싶다는 감자, 단감, 생태는 돌아오는 길에 아파트 단지별 순회장터에서 추가로 15,000원어치를 구입했다. 아무리 할인마트라도 모든 품목이 할인되는 것은 아니다. 농축수산물의 경우는 동네 슈퍼나 이런 장터에서 훨씬 싸고 싱싱한 물건을 구입할 확률이 더 높다.

플라시보 효과와 베블렌 효과, 이 두 가지만 기억해두면 야채하나를 사더라도 똑부러지는 쇼핑을 할 수 있다.

Tip

| 친환경 농산물 |

친환경 농업으로 농사를 지은 친환경 농산물에는 4가지의 종류가 있다.

1. 유기농산물

전환기간 이상을 유기합성농약과 화학비료를 일절 사용하지 않고 재배한 농산물(전환기간 : 다년생 작물은 3년, 그 외 작물은 2년)

2. 전환기농산물

1년 이상 유기합성농약과 화학비료를 일절 사용하지 않고 재배한 농산물

3. 무농약농산물

유기합성농약은 일절 사용하지 않고, 화학비료는 가급적 권장시비량의 2분의 1 내로 사용한 농산물

4. 저농약농산물

화학비료는 가급적 권장시비량의 2분의 1 내로 사용하고 농약 살포 회수는 농약안전사용기준의 2분의 1 이하, 사용 시기는 안전사용기준 시기의 2배수 적용. 제초제는 사용하지 않아야 하며 잔류농약은 식품의약품안전청장이 고시한 농산물의 농약잔류 활용기준이 2분의 1 이하인 농산물

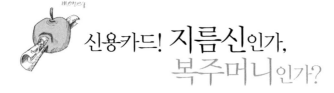

신용카드! 지름신인가, 복주머니인가?

　　　　　　　　몇 년 전 은행 카드사업팀에서 근무할
때 나는 카드 신규발급 업무와 웨이크업Wake Up 마케팅(휴면카
드를 다시 사용하게 하는 마케팅) 업무를 담당했다. 당시는 모든 카
드업자들이 수단과 방법을 가리지 않고 회원모집에 역량을 집
중할 시기인지라 영업담당자들은 원 없이 하고 싶은 마케팅 수
단을 전부 펼칠 수 있었다. 일단 회원으로만 끌어들인다면, 훗날
어떻게든 상당수로부터 주머니를 열게 할 수 있다는 자신감 때
문이었으리라.

　그러나 불행하게도 이런 전략을 수행하던 카드업자들은 350
만의 신용불량자를 낳게 된 주범으로 전락하게 되었고, 이에 따

른 주요 영업전략의 변화도 불가피하게 되어 결국은 쓰는 고객을 이탈 없이 계속 쓰게 하는 '고객유지Retention', 일정액을 쓰던 사람은 더 쓰게 하는 '추가판매Up & Cross selling', 카드를 전혀 안 쓰는 회원은 일단 한 번이라도 쓰게 하는 '웨이크업' 등의 마케팅 전략으로 전환되었다.

돈 잘 쓰는 법을 알려준다면서 생뚱맞게 왜 별로 궁금하지도 않은 신용카드의 마케팅 전략 따위를 들먹일까? 그것은 카드사나 가맹점의 속성을 알려주기 위해서다.

신용카드는 재테크의 적인가?

내로라하는 재테크전문가들이 꼭 한마디씩 떠드는 것이 바로 "카드는 버려라"라는 구호이며, 이를 합리화하기 위한 사례로 2000년대 초반 카드대란을 들먹인다. 이런 말은 대부분의 정상적인 카드이용자들을 무시하는 발언이 아닐 수 없다.

그 구호의 취지는 근본적으로 외상기능이 있는 신용카드가 자칫 상습적인 외상채무가 되기도 하고, 돌려막기 등으로 악용되기도 하므로 끝내는 걷잡을 수 없는 가계 부도사태로 번지는 현상을 경계한 것일 테지만, 대부분의 건전한 사용자들은 그 부작용을 몰라서 카드를 이용하는 것은 아니다. 어차피 그런 소비

개념 없이 사는 사람은 신용카드가 아니었더라도 어떻게든 자신의 수입지출 통제능력이 상실되면 언젠가는 다른 방법으로 틀림없이 망했을 것이기 때문이다.

세상에 존재하는 모든 만물은 당초에 존재하게 된 이유가 있다. 그래서 '활용'이니 '상생'이니 하는 착한 단어가 생긴 것일진대, 이 만물의 순기능을 잘 활용하지 못함으로 인해 부작용이 발생했을 뿐이다.

신용카드 역시 외상구매 기능뿐만 아니라, 파생기능으로 교통수단 결제를 해주기도 하고, 문화생활, 혹은 인증수단 등등 수많은 경제활동에서 이로운 역할을 하게 되었다. 칼이 순기능만을 발휘한다면 우리들에게 유익한 요리를 하게끔 도와주는 도구가 되지만, 자칫 역기능을 한다면 인명을 해치는 흉기가 되는 것이다.

신용카드는 당장 현금이 없어도 외상기능과 현금서비스 기능에 의한 소비를 가능케 함으로써 분별없는 소비심리를 자극할 수도 있다는 단점이 있지만, 가계부와 체크카드 사용으로 얼마든지 제어가 가능하다. 그런고로 추후에는 '신용카드를 버려라'는 구호에 막연히 따를 필요는 없다.

주거래 카드를 사용하는 것이 좋은가?

나는 주거래 카드를 따로 두고 있지 않다. 가끔씩 언론의 재테크 면에 주거래 신용카드 하나를 정해서 그것을 오래 이용하면 금융거래 혜택도 있고, 신용점수가 좋아지고, 예산관리도 쉬우며, 포인트도 집중적으로 쌓인다고 선전한다. 하지만 나는 그 기자양반의 FQ금융지능지수가 궁금해서 견딜 수가 없다. 하나씩 살펴보자.

☙ 상대적으로 적립비율이 높은 H카드라고 할지라도 쇼핑할 때는 C카드를 따르지 못하고, 주유할 때 할인되는 여타 주유카드에 비하면 역시 쩹도 안 된다. 그렇다면 주유할인, 쇼핑할인에 포인트 적립률도 높은 카드를 골라서 주거래 카드로 쓰면 되지 않겠느냐고 반문할 사람도 있으리라.

☙ 만약 어느 특정한 카드에 그 혜택들이 모두 담겨있다면 그 카드의 연회비는 최소한 수십만 원 이상일 수밖에 없다. 또한 그 카드사는 어느 신문지면에서 '고객의 이익을 위한 ○○카드사의 멸사봉공'이라는 제하에 온갖 스포트라이트를 받게 될 것이다. 물론 몇 년 이내에 장렬하게 청산절차에 들어갈 것임은 두말할 필요도 없다.

☙ 은행계 카드는 카드 사용실적이 많으면 그 은행의 여수신

금리를 우대한다고 한다. 보통은 예금금리 0.2% 우대, 대출금리 0.3% 할인 따위를 내세운다. 이 얼마나 유치한 방법인가? 은행에서 근무했거나, 은행거래를 많이 해본 사람은 잘 알 것이다. 카드 사용액이 수천만 원인 회원이라면 어림짐작으로 최소한 그 은행에 100만 원이 넘는 수익을 안겨준 고객이라고 보면 된다. 그럼에도 겨우 0.2%라니? 1,000만 원 예금이라면 2만 원의 이자를 더 준다는 뜻이다. 하물며 이 정도 우대금리는 지점장이나 책임자를 잘 꼬시면 얼마든지 적용받을 수 있는 혜택이 아니던가?

🐷 대출금리 할인 서비스도 마찬가지다. 그 정도 금액을 연체 없이 결제했던 고객이었다면 신용상태도 양호하고, 신용대출을 받을 이유도 거의 없을 것이다. 게다가 해당 은행이 아

닌 다른 은행에서라면 더 좋은 조건의 대출을 받을 수도 있
을 고객이 분명한데, 그 따위의 유치한 대출금리 할인을 미
끼로 우수고객을 붙잡으려 하는 행태는 오히려 사회의 목
탁인 기자가 꼬집어야 했을 부분이 아니었나 싶다.

🐚 하나의 카드로만 집중해서 쓴다면 결제일은 월 1회뿐일 것
이고, 그 한 장의 청구서로 사용내역이 정리될 수도 있으니
게으른 사람에겐 편리할 수도 있겠다. 허나 이런 한 장의 청
구서가 오히려 독이 될 수도 있다.

🐚 사용처에 따라 미리 구분한 카드로만 이용하게 되면, 월 주
유금액이 얼마인지, 쇼핑금액은 얼마인지 한눈에 부문별
소비규모가 파악되어 통제할 수 있다. 그리고 매월 정한 용
돈을 체크카드 계좌에 넣어두면 그 범위 내에서만 소비하
게 될 것이므로 한 푼이라도 절약되는 효과가 있을진대, 주
거래 카드랍시고 한 개의 카드로만 몰아서 쓰게 되면 이 같
은 효과를 보기 힘들다.

🐚 한 달간 주유를 얼마만큼 했는지, 쇼핑으로 얼마나 썼는지
등 청구금액 전부가 내 용돈처럼 쓴 것 같고, 거꾸로 내 용
돈은 얼마였는지조차도 감이 오지 않을 것이다.

"주거래 카드를 쓰라"는 말은 카드회사와 돈 나가는 것을 통
제하기 귀찮아하는 미래의 가난뱅이들을 위한 구호다. 우리들

은 앞으로는 철저한 체리피커가 될 필요가 있다.

| 체리피커cherry picker족 |

원래는 신 포도는 먹지 않고 맛있는 체리만 골라서 따먹는 사람을 일컫는 말이다. 마케팅에서는 특정고객을 위해 특화시켜 제공하는 공짜나 할인서비스 같은 부가서비스만 이용하고 회사의 실제 매출기대는 비켜가는 실속 소비자들을 가리켜 쓰인다.

신용카드
포인트의 함정

모든 카드사마다 사용금액에 따른 자체적인 포인트제도가 있다. 적게는 사용금액의 0.2%에서 많게는 2~10%까지도 적립을 해준다. 어느 경우에도 카드사가 고객의 재산증식을 위해서 돈과 마찬가지인 포인트를 적립해주지는 않는다. 일정규모의 포인트가 쌓이면 현금화해서 결제금액에서 차감해주든지, 자체 가맹점이나 쇼핑몰에서 쌓인 포인트로 결제할 수 있도록 한다. 이 카드 포인트를 잘 활용하는 사람도 많지만 반면에 포인트의 함정에 빠진 사람들을 더 자주 보게 된다. 한 예로 직접 겪은 일을 소개한다.

결혼 직후 아내 명의의 카드는 모두 없애고, 내 명의로 된 신

용카드 4개만 남겨놓았다. 아내보다는 연소득이 훨씬 많으니 당연히 연말정산시 소득공제도 몰빵 효과를 기대할 수 있기 때문이다.

각각의 카드별 용도를 살펴보자.

- ☞ 달구지 충전전용 L카드 : LPG 충전시 30% 할인
- ☞ 쇼핑용 C카드 : 백화점이나 할인마트 이용 시 전월 사용액에 상관없이 3% 할인
- ☞ 용돈연계 K사 CMA체크카드 : 사용액의 0.5% 포인트 적립
- ☞ 기타 H카드 : 위 3가지 용도 외로 결제할 때 100원 당 1~2 포인트 적립

4개의 카드를 이용해서 필요할 때마다 각기 다른 카드를 제시했더니 총 할인액, 포인트 적립액, 연말정산 환급분 등으로 연간 100만~120만 원 정도 이득을 얻고 있다(이런 내가 무척 대견스럽다).

그러던 어느 날이었다. 늘 가던 할인마트에서 쇼핑을 마친 후, 계산대에서 아내가 카드를 꺼내들었다. 여느 때처럼 쇼핑용 C카드를 꺼내겠거니 하며 멍하게 바라보고 있는데, 뜬금없이 H카드로 결제하는 것이 아닌가?

"아니 왜? C카드 안 가져왔어?"

"그건 아닌데, 한동안은 이걸 몰아서 써야 포인트가 10만 점이 되거든."

당당하게 대답하는 아내의 얼굴에 대고 뭐라 할 말은 없었지만 적어도 아내가 현명한 소비생활과는 거리가 있는 행동을 한 것만은 분명했다.

"흐미, 순진한 마누라야. 10만 점 모이면 포인트샵에서 뭐 사려고 그러지? 이 아줌마도 역시 카드장사꾼들의 포인트 함정에 빠졌구먼."

그날 쇼핑한 금액이 10만 원이었으니, 만일 C카드로 결제했더라면 이용금액의 3%에 해당하는 3,000원의 할인혜택이 있었다. 하지만 H카드를 꺼냄으로써 1,000포인트가 적립되었다. 대개의 경우 2포인트가 1원에 해당하므로 결국 500원이 적립된 셈이다. 물론 아내에겐 그날 쌓일 1,000포인트가 10만 포인트를 쌓기 위해서 꼭 필요한 포인트였을지도 모른다. 하지만 분명한 사실은 그날 3,000원을 버리고, 대신 500원을 주었다는 점이다.

앞서 신용카드사의 전략을 이야기하면서 카드사는 추가판매와 고객유지 마케팅 전략을 사용한다고 했다. 다양한 포인트 제도를 만든 것도 그 일환이다. 이 포인트들은 대개 1만 점 이상이 되어야만 현금처럼 사용할 수 있다. 대부분의 경우 카드마다 0.1~1% 정도의 포인트를 적립해준다고 할 때 단순하게 계산하더라도 1만 점을 모으기 위해서는 100만~1,000만 원 상당을 한 카드로 주야장천 결제해야 한다.

현실적으로는 1만 포인트를 모으기란 생각보다 어려울 뿐만 아니라, 막상 1만 점이 되어서도 그다지 쓸 만한 사은품을 주지도 않는다. 아마 그 사은품을 일반 할인마트에서 구입한다면 반값으로도 충분할 것이다.

카드 사용자들의 대부분은 이 함정에 걸려들어서 적잖은 과소비를 하기도 하고, 때로는 다른 곳에서 사면 더 싸게 구입할 수도 있었는데, 곧 채워질 포인트를 떠올리면서 굳이 특정 가맹점을 이용하기도 한다. 이외에도 항공 마일리지, 중국집 스티커, 남성전용 미용실 회원카드 등의 적립 마케팅은 장사꾼들의 핵심적인 마케팅 툴로 성공적으로 자리 잡았다.

물론 포인트 좀 잘 모아서 공짜 선물을 받아보겠다는 소박한 노력을 탓하자는 것만은 아니다. 다만 신용카드를 쓸 때마다 좀 더 냉정하게 사전에 정해둔 원칙대로 소비를 함으로써, 기대했던 포인트 선물보다 훨씬 더 큰 이익을 누리자는 말이다.

| CMA체크카드 |

CMA 잔액 한도 내에서 쓸 수 있도록 만든 결제 카드. 증권사의 CMA는 고객들이 맡긴 자금을 우량채권 등으로 운용하여 그 수익을 이자로 돌려주는 실적배당 상품으로, 하루만 맡겨도 은행의 입출금통장에 비해서 금리가 수십 배 높다.

게다가 신용카드와 달리 연회비가 없고, 신용카드처럼 사용금액에 따라 소득공제를 받을 수 있을 뿐 아니라, 포인트, 마일리지 적립과 캐쉬백, 각종 할인 등의 부가서비스는 신용카드와 유사하다.

그러나 체크카드의 특성상 신용카드 기능(후불결제, 현금서비스, 할부 등)은 없으며 해외에서의 사용도 불가능하다. CMA 계좌에 잔액이 있더라도 고액결제가 안 되는 경우도 있다.

무이자할부
서비스의 함정

　　신용카드회사의 수익성이 가장 좋은 계정은 현금서비스다. 조달금리 연 5~7%를 부담하고도 추가로 10% 이상의 이자가 카드사의 마진이 될 테니 절대 포기 못할 수익원이 아닐 수 없다. 그러나 왕년에 그로 인한 부작용 때문에 제도적으로 적극적인 마케팅을 펼칠 수가 없으므로 카드업자들 속으로는 천불이 일어날 것이다.

　　그 다음이 할부수수료 계정이다. 할부수수료율이 2개월 정도의 단기라면 최소한 연 10%이고, 1년 정도의 장기라면 20%이므로 카드사 입장에서는 그야말로 표정관리가 필요한 황금어장이라고 할 만하다. 사용자들은 그 비싼 수수료가 아까워서 가급적 일시불로 결제해버리거나 무이자 2~3개월 할부의 유혹에 쉽사리 넘어간다. 이중에서 무이자할부의 유혹에 넘어간 사람은 무이자로 결제 기간이 수개월로 분산되는 효과가 마치 금융혜택이라 착각하고 오히려 남용을 하는 경우가 많다.

예를 들어 여러분이 100만 원을 결제하고서 무이자가 아닌 할부 3개월을 적용하겠다고 한다면, 기간 중 할부수수료로 총 25,000원 정도를 지불해야 한다. 그러므로 3개월 무이자할부 기능이 있는 카드로 결제하면 25,000원의 수수료를 내지 않아도 되는 것이니, 그만큼을 번 거나 마찬가지라면서 흐뭇해한다.

그러나 이젠 그 착각을 과감히 깨부숴야 한다. 무이자할부를 택했다고 해서 자신의 통장에 25,000원이 새로 입금되었는가? 일시불 결제를 선택하지 않고 무이자할부로 선택함으로써 얼마의 경제적 이득이 발생했는지 대답해보라. 경제적 이득은커녕 무이자할부기 때문에 일시불이었으면 못 샀거나 안 샀을 물건을 사게 되었을 것이다. 무이자할부는 여러분에게 당장 금전적 손해를 끼치는 것은 아님에도 불구하고 가급적 이용하지 말라고 권하는 이유다.

대개의 기업들이 그렇듯이 어떤 카드사와 가맹점도 자신을 희생해 가면서까지 고객의 이익을 보장해주지는 않는다. 무이자할부는 어디까지나 여러분의 지갑을 부담 없이 열도록 하려는 전형적인 UpSelling, WakeUp 마케팅이다.

게다가 할부에 맛들인 사람들은 훗날이 되면 결국 고리장기할부마저도 서슴없이 이용하게 된다. 카드 할부고객만을 따로 분석한 결과 여실히 드러난 통계가 그렇다.

월 10만 원의 여유자금뿐인데도 30만 원짜리 LCD모니터를 꼭 사야 한다면 차라리 20만원을 빌려서 일시불로 사든지, 3개월 후에 사라. 3개월 후에는 그 가격이 떨어졌을 수도 있고, 같은 가격대의 더 좋은 신제품이 나와 있을 수도 있으며, 어쩌면 어디서 중고 LCD가 거저 생길 수도 있다.

무이자할부 대신 일시불을 원칙으로 구매를 결정하게 된다면, 당장의 자금사정에 입각한 보수적인 소비를 하게 되고, 장기간 남의 돈을 쓰는 위험에서 벗어날 수도 있을 뿐만 아니라, 무엇보다도 심리적 습관으로 굳어지면 틀림없이 그만큼 덜 씀으로 인해서 훨씬 늘어난 통장잔고를 보게 될 것이다.

그동안 아무 생각 없이 신용카드를 긁었던 분들에게는 이 글을 읽고 가슴이 뜨끔했으리라 믿는다. 원하건 원치 않건 간에 신용카드 사용의 불가피함을 인정한다면, 돈을 잘 쓰는 법을 배우기로 한 지금부터는 부디 돈과 마찬가지인 신용카드에 대한 발상의 전환을 도모해보라. 다음부터는 카드를 긁을 때마다 한 단계 업그레이드된 경제생활인이 되어 있는 자신을 발견할 수 있을 테니까.

| 카드 선결제 제도 |

카드 사용금액을 결제일이 되기 전에 미리 결제할 수 있는 제도다. 신용카드사의 할부, 현금서비스, 카드론 수수료(이자)율은 은행의 대출금리에 비해 훨씬 높다. 따라서 현금서비스 등을 이용한 후, 언제라도 자금에 여유가 생겼을 때는 이 제도를 통해 결제금액을 상환한 날까지의 수수료만 내면 되기 때문에 불필요한 지출을 줄일 수 있다.

카드론 또한 대출잔액에 대해서만 다음 결제일까지의 이자를 부과하는 만큼 여유자금이 생기면 상환일까지 기다릴 것 없이 언제든지 중도상환하는 것이 좋다. 할부이용, 현금서비스, 카드론 서비스를 이용했다면 결제일까지 기다리지 말자.

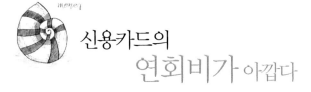

신용카드의 연회비가 아깝다

카드를 열심히 써주는 것만 해도 카드사가 감지덕지해야 할 판인데 오히려 연회비를 적게는 2,000원에서 많게는 몇만 원까지 해마다 떼어간다. 물론 카드를 전혀 쓰지 않았더라도 어김없이 연회비는 나간다. 카드를 서너 장 이상 갖고 있는 대개의 사람들은 몇만 원씩 빠져나가는 연회비가 아깝기만 할 것이다. '저 돈이면 고기가 몇 근이고, 소주가 몇 병일 텐데…' 계산하면서.

돈을 잘 쓰기 위한 선행조건으로 먼저 새는 돈을 잘 잡아야 한다는 것은 이미 강조했다. 그러하니 연회비가 그렇게 아깝다면 다음과 같은 깍쟁이 짓을 해보자.

지갑에서 카드를 꺼내보자. 카드전면의 우측하단에는 'Visa' 혹은 'Master'라는 마크가 있을 것이다. 이 마크는 해외에 나갔을 때 비자카드나 마스터카드 가맹점에서도 쓸 수 있다는 뜻이다. 그렇지만 우리가 해외에 나갈 일이 과연 몇 번이나 될 것이며(나는 낼 모레 40세가 되는데도 딱 한 번 나가봤다), 해외에 나가면 그 카드를 총 몇 번이나 긁게 될 것 같은가? 장기체류거나 호화 쇼핑을 목적으로 하는 여행이 아니라면 끽해야 서너 번이다.

이제 새로 카드를 만들려거든 국내전용 카드로만 신청하라. 지금 쓸데없이 비자, 마스터 카드를 여러 장 갖고 있다면 당장 전화해서 국내전용으로 재발급을 신청하면 된다. 물론 재발급 비용은 공짜다. 국내전용 카드와 비자, 마스터카드의 연회비는 대략 5,000원의 차이가 난다.

국내전용 카드 연회비조차 아깝다는 사람이 있다. 마땅히 그동안 온갖 할인혜택과 포인트도 받고, 보안성이 좋은 신용카드를 썼다면 그 사용료인 연회비도 기꺼이 낼 수 있어야 한다. 조그마한 친목회도 정기적으로 회비를 내지 않던가?

그렇지만 죽어도 내기 싫다면 안 내는 수가 있기는 하다. 1년간 잘 써줘서 카드사가 돈 벌게 해줬으니 연회비는 받지 말아달라고 우기면 된다. 나와 절친한 P과장은 내게 물들어서 카드사의 속성을 잘 알기에 연회비 청구서가 날아오자 득달같이 수화기를 집어든다.

P과장 ○○카드사죠? 저 카드 탈회하고 싶은데요?

상담원 네. 고객님, 저희 카드를 이용하시면서 불편하신 점이 있으셨어요?

P과장 그동안 별 문제없이 잘 썼는데요, 연회비 청구서를 받고 나니 심기가 불편해지네요.

상담원 (뭔가를 막 조회해보더니)네에! 그러면 연회비를 내시지 않게 해드릴 테니 계속 쓰시면 안 될까요? 아니면 연회비 없는 카드를 새로 발급해 드릴게요.

P과장 (의기양양하게)그냥 다른 회사의 ××카드가 더 나은 것 같으니 그걸 쓸래요. 탈회처리 해주세요.

상담원 (다급한 목소리로)고객님, 그러면 저희가 다음 달에 청구되는 금액에서 3만 원 차감해 드릴게요. 계속 쓰시면 안 될까요? 물론 연회비도 면제입니다.

실제로 발생한 대화 내용이다. 나는 카드사 출신이라는 옛정 때문에 그들을 상대로 연회비 정도만 면제받을 뿐, 저렇게 악착같이 뺏어내지는 못했지만 P과장은 집요한 사람이었다.

카드사가 한 회원을 모집하는 데 드는 비용은 대략 10만 원이 넘는다. 게다가 P과장처럼 ○○카드로만 연 5백만 원 넘게 쓰는 고객이라면 카드매출도 무시할 수 없거니와 연 10만 원 이상의 이익을 발생케 해주는 고객이니, 가히 플래티넘급 회원이라 할 수 있다.

기본적으로 연회비는 회원으로서 내야 할 돈이니 너무 억울해 할 필요는 없겠다. 허나 이 책을 읽고 나면 연회비 몇만 원도 쓸데없이 새는 돈으로 인식하기 마련일 테니 앞으로는 안 내도 되는 방법을 일러두고자 하는 것이다.

Tip

| 카드 연회비를 연체하면 어떻게 될까? |

신용카드 연회비는 연체라는 개념이 없다. 1년간 납부하지 않으면 소멸된다. 연체료에 대한 가산금은 없다.

연회비를 납부하지 않는 방법

▶ 잔액 없는 깡통통장에 자동이체 연결을 한다.

▶ 카드대금 결제방법을 자동이체가 아닌 지로로 한다.

▶ 연회비가 있는 카드를 쓰고 있었다면 연회비 납부 2~3개월 전부터 사용을 중지한다. 연회비가 청구되면 결제금액보다 먼저 연회비부터 납부시키기 때문이다. 그러므로 연회비 청구월에 사용하게 되면 연회비를 먼저 내야 연체가 발생하지 않는다.

공돈 잘 쓰는 법칙

회사에서 기대하지 않았던 보너스를 받게 되든지, 길가다가 눈먼 돈을 줍든지, 갚거나 지불해야 할 돈이 굳었다든지, 강원랜드 카지노에 놀러 갔다가 심심풀이 베팅에서 잭팟이 터졌거나, 주식투자로 예상외의 많은 수익을 챙기는 등등의 행운을 누구나 한 번쯤은 경험했을 것이다.

'공돈'은 바로 노력봉사의 대가 없이 얻게 된 돈을 말하는데, 위의 예를 보면 모두 전혀 노력이 없거나 상대적으로 작은 노력봉사에도 큰돈이 생긴 소위 '땡잡은' 경우다.

꽤 많은 사람들은 공돈이 생기게 되면, 꼭 필요하지도 않던 고가품을 장만하거나, 주변 사람들에게 술값 또는 밥값으로 쏘거나, 혹은 계획에도 없던 여행을 하는 등 쉽게 써버리는 경향이 있다. 다시 말해서 뼈 빠지게 번 고정수입보다는 그 가치를 폄하하는 것이다. 한 달 내내 애써 번 돈 100만 원과 공돈 100만 원은 그 사용과 교환의 가치가 다를 거라고 믿는 분은 없으리라 믿는다.

길을 가다가 현금 100만 원을 주웠고, 그것을 그날 택시에서 잃어버렸다고 치자. 여러분은 결과적으로 손해 본 것은 아니라고 여기고 그냥 포기하겠는가? 아니면 내 돈 100만 원을 찾기 위해 득달같이 택시를 수배할 것인가?

포기한다는 분들께 다시 묻겠다. 만약 그 돈을 잃어버리지 않았다면 그 100만 원으로 저축을 하겠는가? 아내가 그토록 원해서 언젠가는 사주리라 다짐했던 김치냉장고를 사주겠는가? 아니면 원래부터 없었던 돈이니 갖고 싶던 구찌가방을 사겠는가? 동료에게 한턱 쏘는 유흥비로 써버리겠는가?

🐢 이젠 여러분들도 모든 '돈'은 노동으로 벌었건, 설령 불로소득으로 생긴 공돈이건 액면이 같은 만큼 그 가치도 똑같음을 안다.

🐢 아직도 공돈이 공돈으로만 여겨진다면 딴생각 들기 전에 냉큼 우량주식을 사든지, 금처럼 환금성은 좋지만 쉽게 현금화하기는 약간 까다로운 자산으로 묻어두는 게 어떨까?

예금처럼 언제든 쉽게 꺼내 쓸 수 있는 자산은 방정맞게도 지름신에게 바칠 생각이 들기도 하므로.

☙ 나는 공돈이 생기면 만기가 길고, 자유불입형 비과세 금융 상품인 장기저축마련저축에 대부분 예치하고, 이런 행운에 대한 보답으로 유니세프에 일부 기부도 한다.

| 로또와 잭팟 당첨 확률 |

▶ 로또 6/45에서 1등 당첨확률 : 1/8,145,060

▶ 7포커 로얄스트레이트플러쉬 확률 : 1/61,880

▶ 강원랜드 슬롯머신 잭팟 확률 : 1/2,097,152

▶ 인천송도 오피스텔(프라우)123가구 청약경쟁률 : 1/4,855

로또, 슬롯머신, 포커는 잭팟이 터질 확률이 훨씬 떨어지고 그동안의 금전적 손실도 막대하지만, 내집 마련을 위한 청약증거금은 당첨이 안 되더라도 전액 돌려받는다는 점에서 차원이 다르다.

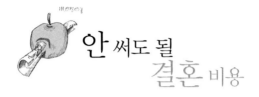

안 써도 될 결혼 비용

어린 시절 인기 TV프로였던 〈전설의 고향〉이나 여타 사극을 보면 가난한 커플들이 정화수 한 사발 떠놓고 혼인을 하는 장면을 자주 볼 수 있었다. 어린 나이에도 경제관념이 있었는지 그걸 보면서 이런 생각이 들었다.

'무척 심플해서 좋네. 그런데 왜 어른들은 많은 돈을 들여서 떡이랑 음식이랑 버릴 정도로 많이 차려놓고 온갖 허례허식 결혼식을 할까?'

지금 세대의 가난한 커플들에게도 정화수에 맞절만 하고서 결혼식을 끝내라고 권유한다면 여기저기서 짱돌이 날아올지도 모르겠다.

얼마 전 뉴스에서 보니 우리나라 평균 결혼비용이 1억 2,000여만 원에 달한다고 한다. 신부는 혼수비용, 신랑은 주택비용이 대부분이란다. 우리보다 훨씬 잘사는 미국은 총 결혼비용이 2,700만 원 정도라고 하는데, 도저히 믿어지지 않는다. 우리나라가 잘못된 건지, 미국 통계에 오류가 있는 것인지….

한편으로는 우리나라가 이젠 제법 먹고 살 만한 나라가 되었는가 하는 자긍심이 들다가도, 또 한편으로는 온통 허영과 사치에 물든 풍조의 반영으로 여겨지기도 한다.

여러분들 중 일부가 결혼문화는 각 나라마다의 차이가 있으니, 비용에 대해 군소리 말라고 하면 참으로 안타까운 마음이 들지 않을 수 없다.

특히 아쉽게 생각되는 것은 바로 결혼 준비과정 각 요소마다 그 의미를 알고서 돈을 쓰는 것인지 하는 점이다. 택일을 하는 이유나 예단, 예물이 왜 필요한지 그 의미를 알고 있느냐는 말이다.

결혼까지 골인하기 위해서는 상견례, 택일, 예식장, 예단, 예물, 신혼여행, 청첩장, 주례, 함들이, 스튜디오 촬영, 한복, 드레스, 혼수, 신혼집 장만까지 각 과정마다 큰 돈이 들어간다. 이 돈문제로 인한 기묘한 신경전까지 겪고 나면 "결혼을 해야 비로소 어른이 된다"라는 말이 자못 실감이 날 정도다.

아내의 친구 L양은 곧 결혼을 앞두고 있다. 그녀 집안은 평균적인 중산층이었는데 신랑은 속초에서 내로라할 만한 부잣집 아들이었다. 선남선녀가 좋아서 결혼하겠다는 데, 그 누가 태클을 걸 수 있으랴마는 현실로 닥친 결혼과정에서의 소음은 그들도 어찌할 수 없었다.

어쩌다가 신랑이 L양을 사랑하게 되었는지는 모르겠으나, 막상 결혼준비를 하다 보니 어이없는 트러블이 생겼다. 태어나 30년 넘도록 어떤 부족함도 없이 살아온 신랑은 자신의 현 직장이 변변치 못하니 마치 양보라도 해준다는 식으로 신부에게 "다른 건 필요 없으니 예물로 피아제 손목시계와 브리오니 양복 한 벌 정도만 준비하라"고 했단다.

이 말을 전해들은 나는 생소한 브랜드에 갸우뚱 하면서 아내에게 물었다.

"브리오니? 처음 들어보는 건데…. 제일모직 거야?"

아내 역시 들어봤을 리 없었다.

"글쎄, 나도 잘은 모르고, 이태리 양복이래."

"가격은 얼마나 될랑가? 이삼백씩 되는가 보네? 한 번 검색해봐."

잠시 후, 요리조리 클릭하던 아내는 마우스를 던지며 소리쳤다.

"허거걱! 제일 싼 게 1,000만 원이래. 피아제도 마찬가지고."

당최 그런 것들을 몸에 걸친 사람을 보면 '파크랜드 30만 원짜리 양복에 중저가 손목시계를 찬 사람과 어떤 차이가 생기는지', '나만 모르고 다른 이들은 다 알아서 한 번 척 보면 이태리 명품인지 구별할 수는 있는 건지' 하는 의문이 든다.

상류층이 아닌 L양이 일찍이 결혼자금으로 쓰려고 알뜰히 모아온 돈으로는 신랑 쪽에서 최소한이라며 요구한 예물비용조차 충당이 안 될 정도가 되었으니 도무지 우울증이 안 생길 수 없었을 것이다. 총 결혼비용으로 1,000만 원도 채 넘지 않게 썼던 아내에게 이런저런 고민을 털어놓았던 모양이다.

우리 부부의 결혼비용은 순비용 기준으로만 따지면 1,000만 원을 채 넘지 않았다. 양가 어른들께 잘 말씀드려서 저비용 구조로 소박하게 결혼식을 해도 좋다는 동의를 받아놓은 터라 그리 어려울 것이 없었다. 그 내역을 간단히 소개해보자.

우리는 서울 강남의 중형호텔에서 결혼식을 올렸고, 신혼여행은 6박 8일간 호주로 다녀왔다. 물론 예식비용과 신혼여행 경비는 결혼축의금으로 딱 충당이 되었다.

우리 부부의 예물비용으로 45만 원짜리 나의 티타늄 안경과 40만 원짜리 여성 정장차림에 어울릴 만한 손목시계, 어차피 사려고 했던 부부의 평상복 몇 벌, 그리고 혼수가구로는 유일하게 150만 원짜리 장롱 세트, 기타 예식장내 테이블에 놓일 사방화와 주례비, 드레스 대여비, 청첩장, 멀리서 오신 양가 친척 어른들에게 들어간 비용 등이다.

아내의 독특한 취향(?) 덕택에 스튜디오 촬영과 야외촬영은 생략했고, 결혼 전에 쓰던 가구와 가전제품은 그대로 쓰기로 했기 때문에 추가로 다른 비용이 들지 않았다.

다행히도 부부가 모두 실용주의자라, 남들이 밟고 가는 결혼 관습에 구속받지 말자는 대원칙을 정한 터였다. 그래서 가급적 최소한의 비용만으로도 해결되게끔 준비했고, 이젠 없어져도 될 관습이라고 여겼던 함, 뒤풀이, 예단, 보석류 예물, 사주궁합 따위는 생략했다. 한복, 예복, 패물 등은 모두 대여했다.

그야말로 결혼행사의 핵심이라고 할 만한 예식과 신혼여행 두 가지에만 집중을 한 것이다. 하다못해 신혼여행까지도 패키지 여행이 아닌 자유여행으로 했고, 남들이 쓸 비용의 절반만으로도 훨씬 다채로운 추억을 만들 수 있었다.

열심히 찾아보니 5성급이라면 몰라도 4성급 호텔 중에는 예식장보다도 훨씬 싸게 먹히는 호텔이 많았다. 하객 1명당 27,000원 정도만으로도 깔끔하고 여유로운 결혼식을 올릴 수 있었다.

보는 이에 따라서는 상놈의 집안끼리 결혼을 한다고 타박할지는 몰라도, 설령 상놈이라는 무시를 받더라도 분에 넘치는 헛돈을 쓰면서까지 허례허식을 치르고 싶지는 않다. 지금까지 살면서 근사한 5성급 호텔에서 화려한 장식을 하고, 수천만 원씩 하는 예물, 예단으로 번드르르한 겉치장에 신경 쓴 결혼식이라서 더 많은 축복의 박수를 쳐준 기억은 없다.

결혼식의 의미는 무엇인가? 많은 하객을 초청해서 집안의 위세를 보여주어야 체면이 서는가? 양가가 서로 재력을 과시하여 기선을 잡아보려는 것? 멋진 예물이나 고급 스튜디오 사진관에서 찍은 사진으로 남들에게 커플의 애정행각을 자랑하려는가?

결혼식의 의미는 서로 다른 두 남녀의 만남과 결혼을 지인들에게 공식적으로 알리고 행복하게 살아갈 것을 약속하는 자리가 아닐까? 그리하여 귀한 시간 쪼개서 축하해주러 온 하객들에게 감사의 표시로 맛난 한 끼 식사 대접하는 것이면 괜찮지 않을까?

신혼여행의 의미도 굳이 찾자면, 잘 모르는 두 사람이 만났으니 결혼과 동시에 낯선 곳을 함께 여행하는 과정을 통해 서로 부대끼면서 더욱 친밀해지고 신뢰하고 의지하게 하자는 취지

일 것이다.

　이런 취지들이 제멋대로 변질되어 마치 결혼식에서 무슨 영화를 바라겠다고 최대한 거창한 예식을 보여주려 하고, 별로 친하지도 않은 사람들에게도 청첩을 돌려서 억지축하를 받으면 어느 누구에게 축복의 박수를 받겠는가?

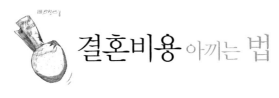

결혼비용 아끼는 법

　　결혼식을 앞둔 커플들은 주로 주변 친구
나 선후배들의 조언을 참고하기도 하고 인터넷사이트를 검색해
서 필요한 정보를 얻을 것이다. 소박하고 합리적인 결혼식을 치
렀다는 조언자가 주변에 있다면 다행이지만, 십중팔구는 자기
가 가진 자금형편 범위를 지키기가 매우 어렵게 될 것이다. 비유
하자면 초심이 정한 결혼비용은 시냇물이었지만 이런저런 부모
님의 간섭과 남들과의 비교, 그리고 자기도 모르게 치솟은 가오
에게 지배당하게 되어 결국은 강물이 되고, 끝내는 바다가 되는
그런 진화과정을 겪고야 만다.

　　사실상 대부분의 경우 강물을 만들고 바다로 키우는 주범(?)은

부모님이다. 자식의 결혼식을 방관하고자 할 부모는 없겠지만, 오랜 세월동안 다른 자식들의 결혼식을 숱하게 보아오신 터라 내 자식의 결혼식에도 어쩔 수 없는 비교를 할 수밖에 없는 것이다. 그래서 당신의 쌈짓돈을 아낌없이 내놓으시더라도 모든 것이 자식을 위하는 것이라는 희생정신을 발휘해 급기야는 남들에게 보여주기 위한 결혼식으로 몰고 가게 되는 사례가 많다.

자식 된 입장으로서는 이런 저런 계산을 하다보면 비록 문제가 많은 것을 알면서도 남들처럼 하는 결혼이 무난한 것이라는 결론을 내리게 되고, 부모님의 금전적 지원과 간섭을 받아들이는 쪽을 선택하게 된다.

여러분들이 앞에서 제시한 나의 결혼식 사례가 합리적이라고 생각하신다면 이 결혼비용 절감사례를 들어서 배우자와 어른들을 설득해보기 바란다. 아울러 결혼비용을 줄일 수 있는 방법을 알려드리고자 하니 결혼식을 하는 그날까지 지금의 초심을 지켜주기 바란다.

    ★ 예식장 선정은 3~4성급 호텔이나 종교시설, 구청, 회사의 강당 등을 이용하면 생각보다 큰 비용을 절감할 수 있거니와 같은 비용으로도 번잡하지도 않으며, 어지간한 예식장보다 품격 있는 결혼식을 치를 수 있다. 평일이거나 비수기인 7~8월에 예식을 하면 20~25%를 할인해주기도 한다.

혼수는 결혼 초기에 한꺼번에 장만하려 하지 말고, 쓰던 것이 멀쩡하다면 그대로 쓰도록 한다. 버릴 때도 돈이 든다. 굳이 새로운 가구나 가전제품이 필요하다면 각 지자체에서 운영하는 재활용 센터를 활용할 것을 권한다. 완전 새것도 있고, 몇 번 쓰지 않은 새것 같은 중고가 많다. 신혼부부가 중고제품을 쓴다고 해서 구혼부부라고 할 사람은 아무도 없다. 신혼집이니까 빚을 내서라도 근사해 뵈는 새것으로만 채워야 한다는 생각이라면 당장 이 책을 내다 버려라.

예단은 가장 많은 잡음을 일으키곤 하는 절차이므로 백번 신중하게 결정해야 한다고 하지만, 예단의 의미를 알면 해법이 나올 수 있다. 언제부터 생긴 풍습인지는 모르나, 옛날 일반 백성들에게는 워낙 비단이 귀했기 때문에 그것을 신부 쪽에서 시댁 식구들에게 선물로 예를 표현했던 것이다. 요즘 세상에 비단옷감은 거저 줘도 별로 입을 일도 없을 텐데, 관습에 얽매여서 이런 불필요한 예단 때문에 신경을 쓸 가치조차 없을 것 같다. 최근에는 예단에 갈음해 현금을 주고받는다든지, 다른 선물로 대체한다고들 하지만 이젠 그런 의미 없는 형식에 구속될 것이 아니라 차라리 안 주고 안 받는 것이 새로 시작하는 부부의 정신건강에 보탬이 될 것이다.

지금은 보기 힘들어지긴 했으나 함 때문에 온 동네가 시끄러웠던 경험이 한두 번은 있을 것이다. 함들이 절차 역시 조

용히 신랑 혼자서만 짊어지고 가도 누가 뭐랄 사람 없다. 함진애비한테 아쉬운 소리 하고, 들러리 친구들을 동원해봤자, 그들은 공짜로 생긴 돈을 그날 밤의 유흥비로 탕진할 뿐이다. 물론 생략해도 부부의 결혼생활에는 하등의 지장이 없다.

☞ 대개가 야외촬영이니 스튜디오 촬영으로 적지 않은 비용을 쓰곤 한다. 그런데 수백만 원을 들여서 앨범 몇 개 만들어두면 그 앨범을 보게 될 일이 몇 번이나 있을까? 행복하게 산다는 부부일수록 십수 년을 함께 살면서 결혼 앨범을 새삼 들춰본 일은 거의 없었더라는 우스갯소리가 결코 근거 없는 말 같지는 않다. 남들이 입었던 똑 같은 옷을 입고, 사진 장사꾼이 시키는 대로 똑같은 포즈로 열심히 찍혀본들 사진사의 배만 불려주는 것이다. 차라리 사진 잘 찍는 친구나 선후배에게 부탁해 밥 한번 거하게 사주면서 촬영과 포토샵까지 부탁하는 것이 낫지 않을까? 요즘은 아무데나 돌멩이 던졌을 때 얻어맞고 쫓아오는 사람들 모두가 디카와 뽀샵 전문가다.

☞ 굳이 보석 예물을 해야겠다면 다이아몬드, 루비, 사파이어 같은 보석은 재고해볼 필요가 있다. 소더비 경매장에 출품될 만한 명품보석이 아니라면 웬만한 보석류는 시간이 갈수록 가격이 떨어진다. 대신 언제든 현금화할 수 있고, 재테

크 수단이 되기도 하는 금 종류를 추천한다. 유부녀가 다이아몬드 목걸이 하고서 직장에 다니는 사람 별로 못 봤다. 사파이어 반지 끼고서 걸레질을 하면 때가 잘 지워지고 힘이 덜 드는가?

☞ 결혼한 선배들과 친구만으로 결혼식 정보를 모두 얻을 수는 없다. 유명한 포털사이트에 가면 결혼식 관련 카페가 수두룩하다. 카페에 들어가서 '결혼'이라는 단어로 검색해보라. 이런 카페에 가입해서 며칠만 드나들면 원하는 모든 정보와 궁금증을 해결할 수 있다. 그렇다고 다른 회원들이 돈 잔치한 사례를 보면서 위축될 필요는 없다. 그들의 형편과 마인드는 그들의 것이니 지금 결혼비용을 아껴서, 아낀 만큼의 현금으로 훗날 훨씬 유용하게 쓰면 누가 현명한 사람인지는 곧 판가름이 날 것이다.

이런 얘기를 누군가에게 건네면 꼭 한두 명씩은 결혼은 두 남녀만 하는 것이 아니라면서 심한 반박을 한다. 결혼은 양쪽 집안의 행사니 어른들의 의사를 무시할 수 없다는 것이다. 틀린 말은 아니다. 낳아주고 키워주신 부모님들로부터 벗어나서 본격적인 어른노릇을 해보려는 중차대한 행사인데 자기들만 좋다고 자기들 맘대로 모든 것을 결정해버린다면 자칫 '호로자식'이라는 욕지기를 들어먹기 십상이다.

그렇지만 이제는 스스로 명분을 만들어서 의식의 독립, 경제적인 독립을 외쳐보자. 어차피 독립해 어른이 되려는 중요한 의사결정의 타이밍이 아닌가?

"아버지, 어머니. 이번 결혼식은 우리 둘의 힘만으로 알뜰하게 치러보겠습니다. 남는 돈이 있다면 그 돈으로 저축을 해서 나중에 꼭 필요한 곳에 쓰도록 하겠습니다. 부모님 입장에서는 많은 부분이 아쉬우시겠지만 어른이 될 우리가 새로이 출발하려는데 이해해 주실 거죠?"

이런 의젓하고 대견한 자식을 위해서라도 호사스러운 예물, 예단 따위로 치장된 체면은 기꺼이 포기하실 것이다.

이와 같은 알뜰한 결혼식을 선택하여 아껴둔 돈이 2,000만 원이고, 이 돈을 5%짜리 연복리 정기예금에 묻어두면, 그들의 자녀가 대학생이 될 무렵인 20년 후에는 5,000만 원이 된다. 만약 운 좋게 우량주에 분산투자했다면 10년만 지나도 1억 원이 넘을지도 모른다.

남들에게 보여주기 위한 과시 결혼식을 선택할 것이냐, 본연의 의미에 따른 건전한 결혼식을 선택할 것이냐에 따라서 10~20년 후의 부자가 결정되는 것이다.

| 예식장 선정방법 |

1. 택일을 하면서 특정일 하루만 밀어붙이지 말고 제2, 제3의 후 보날짜를 정해서 원하는 식장에서 가능한 날짜시간을 맞추도 록 한다.

2. 예식할 지역을 정했다면 주변지역으로 3~4군데의 후보예식장 을 정해서 알아본다.

3. 예식장에 찾아오실 하객들 입장에서 너무 멀지 않은 장소를 선 택한다.

4. 하객 예상 인원을 확인해야 한다. 꼭 올 사람인지도 챙겨야 하 겠지만 추가적으로 올 수 있는 인원을 여유롭게 잡는다. 대개 는 예상한 인원보다 20% 이상은 더 온다.

정보수집

1. 경험자 활용 - 최근 1~3년 내에 결혼한 지인을 찾아 그가 경험 한 좋은 예식장에 대한 조언을 듣는다.

2. 본인이 최근에 방문했던 예식장에 대해서 벤치마킹한다.

3. 후보로 정한 예식시간, 홀의 숫자, 피로연장의 규모, 등을 확 인한다.

사전답사

1. 최종후보지로 2~3곳을 압축해서 체크해 본다.

2. 지역별로 나누어 위치 및 장단점을 파악한다.

3. 전화로 대략적 체크리스트 및 비용을 확인한다.

4. 희망하는 날짜의 해당 시간대에 맞추어 직접 현장 답사해 본다.

5. 예식홀의 숫자를 파악한다. 너무 많은 홀을 운영하는 있는 예식장이라면 피로연, 주차 등이 불편하다.

6. 예식이 너무 짧게 진행되지는 않는지 여부를 확인한다.

예식 계약

1. 전화로 체크해야 할 항목과 비용을 확인한 후 방문약속을 잡는다.

2. 방문상담시 체크리스트를 세부적으로 점검하고 요청사항을 전달한다.

3. 옵션 및 총비용에 대한 세부설명을 꼼꼼하게 챙겨 듣고 계약서의 내용을 확인한다.

4. 최종 한 곳을 선택한다.

5. 드디어 계약!

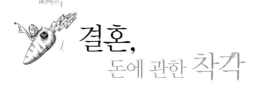

결혼,
돈에 관한 착각

　　　　　　몇 년간 잘 알고 지냈던 상현이라는
동생 녀석이 늦결혼을 했다. 직장인 8년차인데도 총각생활 내내
가오잡고 사느라 돈을 못 모았던지, 평소의 스타일과 걸맞지 않
아 뵈는 20여 평짜리 전세 아파트에서 신접살림을 차리게 되었
다. 속사정을 따지고 보면 그 전세금마저도 대부분은 부모님께
서 보태셨을 게 뻔하다.

　얼마 후 24개들이 두루마리 화장지와 직접 사인한 저서를 들
고서 집들이를 갔다가 나는 삐까뻔쩍한 그 집 살림을 보고 눈이
번쩍 뜨일 수밖에 없었다. 벽걸이 파○TV에 홈시어터는 기본이
고, 대형 트○세탁기, 디○○ 양문형냉장고와 김치냉장고, 킹사

이즈 에○○침대, 침실 한쪽 벽면을 다 차지한 결혼사진, 식기세척기, 오븐렌지, 실크도배, 원목가구 등등 언젠가 구경했던 40평대 모델하우스와 견주어도 전혀 손색이 없었다.

전형적인 돈지랄 케이스여서 절로 눈살이 찌푸려졌지만 내색할 수야 있겠는가? 당시에는 나도 결혼을 앞두었던 터라 이것저것 쓰다듬기도 하고, 리모컨도 작동해보고, 냉장고도 열어보고, 가격도 물어보았다. 가오가 상할까 싶어서 구체적인 성능과 모델넘버까지는 물어보지 못했다. 어차피 그림의 떡이었으니.

파장할 무렵.

"상현아. 너라는 녀석에겐 늘 뭔가 아쉬운 게 많았는데 앞으론 매사에 이 집처럼 뭔가 가득 찰 것 같아서 안심이 되는구나. 그런데 둘만 사는 집에, 이 세간살림은 좀 무리한 거 아녀? 쩐이 여유로운 편도 아니었을 텐데?"

"조금 무리를 했지. 어차피 이거 다 마누라가 혼수로 장만한 것이고, 혼수는 내 돈 쓴 것도 아니잖아. 그리고 신혼 때 다 장만해둬야지. 집도 코딱지만한데 이렇게라도 채워 놔야 남들 보기에도 덜 쪽팔릴 거구…."

참으로 어리석은 녀석이 아닐 수 없다. 상현의 이 한마디에서 나는 몇 가지 돈 잘 쓰는 법칙을 생각하게 되었다.

결혼식 전이면 아직은 네 돈 내 돈이 따로?

혼수품 구입시기가 비록 결혼식 전이라고는 하지만 구입 전에 이미 정신적으로나 경제적으로는 부부였어야 하지 않을까? 아직은 결혼 전이니 혼수비용 부담은 신랑이 상관할 바가 아니고 신부는 당연히 자기 비용으로 그 정도는 장만해야 한다는 마인드라면 결혼해서도 내외가 딴 주머니라도 차겠다는 것인가?

부부의 딴 주머니는 곧 중복소비, 과잉소비로 연결된다. 부부 각자가 따로따로 결정하는 소비보다는, 한 주머니로 모았을 경우 둘이 의논해보고 공통적으로 필요하다고 판단될 때에만 지출을 결정하게 되므로, 의사결정은 다소 느리더라도 불필요한 소비를 견제하는 효과가 크고 결국은 훨씬 많은 저축잔고로 귀결된다.

신부의 혼수비용은 신랑의 입장에서는 공돈인가?

방송과 언론지면에 혼수문제에서 비롯된 이혼 기사가 부지기수고, 급기야는 시댁과의 갈등 따위로 살인까지 가는 사건마저 생긴다. 이 글을 보는 기혼자나 곧 결혼을 앞둔 분들은 가슴에 손을 얹고 자문해보라.

신랑은 뽀대나는 직장에 다니니까, 혹은 둘이 발 뻗고 누울 만한 아파트 정도는 준비했으니 신부가 그에 걸맞은 혼수를 당연히 준비해야 한다고 보시는가? 못난 그대들이여! 혼수품이 덜 채워지더라도 사랑과 믿음으로 보금자리를 가득 채워줄 것을 요구하는 것은 어떤가?

이런 얘기를 누군가에게 해봤더니, 그 녀석은 이런 말을 한다. "사랑은 쉽게 변하지만, 혼수품은 당장 나를 편하게 해주고, 꽤 오래 남잖아"라고. 쉽게 변하는 게 사랑인 줄 알면서도 결혼하는 건 무슨 배짱일까?

신부에게 혼수용으로 준비된 1,000만 원이 있다면 예비부부로서 서로 잘 상의해서 절반은 예금하고 나머지 한도에서만 혼수비용으로 쓰자고 하는 것이 어떨까? 그렇다면 결혼 후 그 절반의 현금 500만 원이 무척 소중하게 쓰일 것 같지 않은가? 혼수품의 수명과 용도는 유한하지만 현금은 거의 무한이라고 할 수 있으니 말이다.

새집에 걸맞게 한꺼번에 다 사둬야 한다?

새집으로 이사할 때도 그렇고, 결혼할 때도 그렇다. 왜 새 부대에는 꼭 새 술을 담아야만 하는가? 이런 알다가도 모를 소비심리를 이용한 업체들의 마케팅도 기똥차게 잘 들어맞는다. 해마다 결혼시즌만 되면 '혼수가전 대잔치', '토털 맞춤 인테리어' 어쩌고 하면서 이런저런 제품들을 패키지로 홍보한다.

물론 이런 것들을 제각기 다른 곳에서 따로 샀을 때의 합계와 큰 가격차이가 있는 것도 아니다. 그나마 조금 사려 깊은 신랑신부들은 이런 패키지를 한곳에서 사진 않고, 따로 취향에 알맞게 주문하긴 하지만, 결과적으로는 한꺼번에 새것을 장만한다는 사실은 틀림없다.

과연 이런 소비가 합리적이라고 보는가? 내게는 절대 그렇지가 않다. 그들의 생각으로는 모처럼 새집으로 이사하는 것이고, 그동안 수천만~수억 원이 투자된 갖가지 새집 마련비용 등을 감안할 때 몇 개 가전가구를 사들인다고 해서 상대적으로 새삼스러운 비용부담도 아닐 것이니, '대충 집값에 포함해서 묻어가도 된다'라는 심보가 생길 것이다.

그러나 바로 그 점이 대단히 어리석은 심리다. 즉 새집에 들어가면서 새 가전을 채우느라 드는 100만 원은 훗날 부식비, 교통비, 관리비 등을 해결해야 하는 필수 생존비용 100만 원과 똑같은 크기의 돈이라는 것이다.

예를 들어 새집 장만하면서 소요된 비용에 살짝 묻어가서 조금 더 지출한 김치냉장고 가격 100만 원은 집값 1억에 비하면 1%밖에 안 되지만 바로 며칠 후에 시장에 가서 콩나물 값 100

원 깎아서 이득을 보려던 금액의 1만 배고, 집 사느라 빌린 대출금의 몇 달치 이자에 해당될 것이다.

당장 급하지도 않은 김치냉장고를 무리해서 사느라 콩나물값 깎으려고 1만 번을 다투겠는가? 남의 돈도 다 못 갚은 주제에 초대형TV 걸어놓고 혼자 회희낙락 하려는가?

앞으로라도 결혼, 이사 등으로 새집에 입주할 때는 멀쩡하게 잘 쓰던 가전가구들을 새집에 맞추겠답시고 몽땅 버리지는 말고, 잘 닦고 조이고 기름 쳐서(남자들은 어디서 많이 보던 말이다) 오래오래 썼으면 좋겠다.

부부 금슬을 위해서라도 새집에서 살면서 필요하다 싶을 때마다 부부가 머리 맞대어 의논하고, 선택의 즐거움을 만끽한다면 얼마나 좋겠는가? 이사하던 초기에 한 번에 왕창 사는 즐거움보다는 훗날 여윳돈으로 하나하나 샀을 때의 즐거움이 몇 배가 되는 것이다. 마치 복권 10억 짜리에 한 번에 당첨되는 것보다는 1억 짜리 복권에 10번 당첨되는 것이 훨씬 행복하듯이 말이다.

Tip

| 재활용센터 |

흔히 중고품이라 하면 외양은 구질구질하고 성능은 낙후된 저질 물건이라 생각하기 십상이다. 그렇지만 새집을 단장하거나, 이사를 갈 경우, 혹은 결혼하면서 각자가 쓰던 물건을 처분하는 경우, 해외 이민이나 유학 등 여러 사정으로 인해 멀쩡한 제품들을 중고시장에 내놓는 경우도 허다하다. 특히 이런 물건들이 모이는 재활용센터에서는 새것처럼 수리하고 세척해서 판매하게 되니 그야말로 새것 같은 중고품을 구할 수 있다.

서울만 하더라도 각 자치단체에서 지정한 33곳의 재활용센터가 있다. 그곳에 가면 출시된 지 몇 년 되지도 않은 가전제품, 장식장·침대·책상·식탁 등의 가구류까지 가격을 보기 전까지는 새것이라 착각할 만한 중고용품을 70~90%까지 저렴하게 구입할 수 있다. 당장 필요하지만 비용부담이 되는 경우에 몇 년 정도는 두 눈 질끈 감고 이용해보자. 남이 썼던 것 다시 쓴다고 해서 재수 옴 붙은 사람을 한 번도 본 적 없다.

| 서울 각 구별 재활용매장 |

구	소재	전화번호	구	소재	전화번호
강동구	고덕동	426-7282	동대문구	장안동	2216-4303
종로구	낙원동	762-7289		전농동	2242-7282
은평구	응암동	307-7282	중랑구	면목동	435-7272
	수색동	372-8272	영등포구	당산동	2632-7289
중구	신당동	2231-7282		신길동	836-7289
용산구	한강로	794-8666	성북구	정릉동	942-7289
서대문구	홍은동	394-8272	강북구	수유동	987-8272
성동구	금호동	2298-8272	서초구	양재동	571-7272
마포구	망원동	337-7272		서초동	581-8272
광진구	자양동	452-8272	도봉구	창동	906-8272
양천구	목1동	2651-2582	노원구	하계동	948-8138
	신월동	2605-0028		중계동	933-8289
	목3동	2651-3003	송파구	문정동	410-3728

보험가입에 쓰는 돈

어쩌다 보니 십수 년이 되도록 나는 금융 업계 밖으로 벗어나 본 적이 없다. 그것도 은행이나 증권, 어느 한 영역에 머무른 것이 아니고 금융업계 전반을 두루 섭렵하고 있다. 은행에서 예적금, 대출업무뿐만 아니라, 카드 사업팀에서도 일했고, 증권 포털사이트와 재테크 포털사이트에서 일한 경험도 있으며, 최근에는 회사에서 On-Off 보험대리점 업무를 맡고 있다. 그러다 보니 그 깊이는 깊지 않을지언정 자연스레 폭넓은 금융 전반에 관한 인적 네트워크와 지식이 생겼고, 이에 대해서는 꽤 자랑스럽기도 하다.

법과대학을 다니면서 필수과목인 보험계약법을 배우다 보니 보험은 그 태생이야 어찌되었든 결과적으로는 인간이 만든 가장 훌륭한 위험관리 제도로서 모든 이들에게 꼭 필요하다는 이론에 이의가 없다. 하지만 막상 지출해야 할 보험료는 영 만만치가 않다. 하물며 보험기간 내내 한 번도 보험사고가 발생하지 않았다면 그동안 낸 보험료 본전 생각에 땅을 치면서 후회할 노릇이 아닐 수 없다.

그렇다. 보험은 비용이다. 내게 발생할 수 있는 실질적 위험을 명확히 설정해서 보험료도 최소한으로 내는 것이 정석이다.

보험회사마다 '경험률표', 혹은 '경험생명표'라는 데이터를 가지고 있다. 이것은 피보험자의 발병률, 사고율, 감염률 따위의 생명현상을 특정기간 동안 관찰해 연령과 함께 변화하는 사망률에 관련된 사실을 분석해서 작성한 것이다. 보험사는 이 통계표를 근거로 하여 보험료를 산정한다.

예를 들어서 ××암보험 상품의 경우를 보자. 경험률표에 의해 특정한 A암의 발병률이 0.26%이고, 그 암으로 인해 사망하는 사람의 비율은 11.59%라고 한다면 보험사는 그 복잡한 자료를 근거로 자기 회사에 손해가 가지 않을 정도로 기본 보험료를 책정한다. 거기에 고객이 가입코자 하는 모든 담보종목별 순 보험료와 회사의 사업비 등을 더한 값이 곧 총 보험료가 된다.

그런데 수많은 보험가입자를 보면 보험회사의 광고에 현혹되어 그들이 예를 들어 보여준 모든 사고가 마치 내게도 머지않아 발생할 것 같은 기분에 어지간한 보장을 다 받으려고 하는 경우가 허다하다. 보험회사의 친절한 협박에 당해버린 꼴이다.

각종 상해, 재해, 질병, 사망, 배상책임까지 모두 최대한의 보험금으로 보장받고 싶다면 그 보험료는 어마어마하다. 예컨대 3억 원을 보장해주는 사망보장보험에 기타 모든 보장을 없는다면 30세 남자를 기준으로 월 보험료가 최소한 70만 원은 넘지 않을까 싶다. 대개 나이가 들수록 보험료는 훨씬 높아진다.

월 70만 원을 보험료 대신 적금에 넣었다면 1년간의 원리금이 865만 원은 될 것이요, 10년 납이라면 1억 원 하고도 500여만 원이 남는다. 과연 10년 내에 기대(?)했던 보험사고가 안 생겼다면 1억 원이 넘는 보험료가 아까워서 어찌할꼬?

말이 나왔으니 보험의 생리에 대해서 생각해보자.

첫 번째로 보험은 순 비용이다. 비용은 저축이 아닌 소비이고, 일반소비와는 달리 보험료로 나간 소비는 사고가 나지 않는 한 과자 사먹는 것보다도 무가치한 소비가 된다. 한마디로 헛돈을 쓴 것이다. 그럼에도 불구하고 보험회사는 보험에 가입하겠다는 모든 이들을 환영하지는 않는다. 보험사고가 나지 않을 만한 사람만 골라서 가입을 받아준다는 말이다. 자기들 말로는 '역선택'을 방지하고자 그토록 신체검사도 하고 가입심사를 강화한다고는 하지만, 소비자의 입장에서는 사고가 나면 목돈이 들게 되므로 보험에 가입하려는 것일 테니, 서로 궁합이 맞지 않은 관계다. 그럼에도 겨우겨우 심사를 통과해서 보험에 가입된 사람은 보험에 가입할 필요가 없는 사람인 경우가 많으니 아이러니다. 간단히 말하면 '헛돈을 쓸 확률이 높은 사람=보험가입자'라는 말이 된다.

보험은 동서고금을 막론하고 인간들에게는 꼭 필요한 제도다. 그러나 보험만을 너무 믿고 가입을 하게 되면 보험회사만 배불려준다. 여러분이 우려하고 있는 장래의 보험사고는 거의 일어나지도 않을 뿐더러, 설령 그 위험이 정히 불안하다면 자기에게 발생확률이 높은 위험이 무엇인지 냉정하게 따져보고, 보험사고 발생시에 불시의 목돈지출을 적당하게 보상해줄 정도만을 기대하고 가입하면 최소한의 보험료가 산출될 것이다.

보험에 가입할 당시의 불안한 심정은 차차 보험료를 내면서 머지않아 후회로 바뀐다. 보험은 우연한 일, 즉 보험사고가 발생하면 한몫 잡게 해주는 복권이 아니라, 생활의 안정을 금전적으로만 도와주는 도구일 뿐임을 기억해두자.

두 번째로 환급형 보장상품에 대해서 경고해두고 싶다. 보험회사는 은행, 증권사 등에서 취급하는 금융상품과는 달리 각 보험상품별로 사업비라는 것을 책정하여 설계사 모집 수수료, 보험회사 임직원 인건비, 기타 모집비용, 마케팅 비용 등으로 지출한다. 문제는 이 보험료에서 차지하는 사업비가 수십%에 이른다는 것이다.

예컨대 정기보험으로 매월 10만 원의 보험료를 낸다면, 이 중에서 20% 정도는 사업비고, 나머지 보험료 부분만이 보험금으로 적립된다. 환급형 보험료도 마찬가지다.

만약에 월납 보험료가 4만 원인 환급형 암보험이 있다면 이중에서 절반가량은 저축이 되고 실제 보장보험료는 2만 원 정도라고 할 것이다. 문제는 나머지 저축이 되는 2만 원에 대해서도 똑같이 사업비를 떼게 되므로 가입자는 사업비를 20%나 떼는 적금에 들게 된 셈이다. 은행의 적금이 사업비를 떼는 경우가 있던가?

부득이 보험에 가입한다면 무조건 순수 보장형만을 선택해야 한다. 만기축하금이니, 납입기간 중간에 일정금액을 주는 형식의 보험상품은 보험회사에서 가입 유인을 위한 미끼일 뿐이다. 실제로 OO화재, ××생명보험사에 다니는 지인들도 마찬가지로 이구동성이다.

"환급형 보장상품에 드는 사람은 바보지요. 이상하게도 그걸 원하는 사람이 꽤 많으니까 우리 회사 입장에선 안 팔 수도 없어요."

셋째로 사고 발생시에 보상이 안 되는 경우가 많다. 대표적인 경우가 고지의무 위반과 면책금(자기부담금), 감액기한, 담보이해 부족 등이다. 가입시점에서 청약서에 피보험자의 과거병력이나 직업 등의 사고위험률을 좌우하는 정보를 정확히 알려주게 되어있는데, 이것을 태만하게 하면 후에 사고가 나더라도 보험사는 보험금 지급을 거절하기 때문에 분쟁이 잦다.

예를 들어 오토바이나 트럭, 택시를 운전하는 사람은 십중팔구 보험가입이 안 됨에도 운전하지 않는 것으로 한다든지, 자주 외근을 해야 하는 영업직인데도 사무직으로 기입한다든지 하는 것은 보험사의 가입여부 결정과 받아야 할 보험료 산정에 혼란을 일으키므로 고지의무 위반으로서 보험금을 못 받을 수도 있게 된다.

자기부담금은 약관상 각 보험사고 발생시 지급할 보험금에 대해 일정한 금액을 계약자 본인이 부담하는 것으로 이를 면책금이라고도 한다. 손해보험과 같은 실손을 보상해주는 보험상품에 존재하는 것인데, 손해발생 부분에 대해서 100% 보험회사의 부담으로 하게 되면 도덕적 해이로 인한 고의사고 발생률이 높아진다는 이유로 둔 제도다. 자기부담금을 계약자가 선택할 수 있는 경우라면 이 부담금을 높이면 보험료가 저렴해지는 장점도 있다.

감액(혹은 면책)조건으로 인한 오해와 분쟁도 많다. 만약 암보험에 가입한 다음 달에 병원으로부터 암진단을 받았다면 어떻게 될까? 보험금이 지급되지 않는다. 암에 걸린 사람은 억울하겠지만, 보험사 입장에서는 피보험자가 군이 암은 아니라 할지라도 진단시점 이전부터 건강이상신호를 감지하고 나서 보험에 가입한 것으로 추정하므로 이것을 일종의 '위험의 역선택'이라고 판단하기 때문이다. 그래서 통상 가입 후 3개월 이내에 보험 사고가 발생했다면 지급을 거절한다는 점을 유념할 필요가 있다. 또한 이런 건강보험 가입시점으로부터 1년 혹은 2년 이내에 보험사고가 발생했다면 약정된 보험금 전체를 지급하지 않고 50% 정도만 감액하여 지급하기도 한다.

실제로 보험영업 현장에서는 월납 보험료 실적에 따른 영업인들의 경쟁으로 인해서 보험상품에 대해 충분하고 꼼꼼한 설명을 하지 않고 일단 가입을 시키려는 목적으로 과대포장하거나 불리한 부분을 생략하고 안내하는 사례가 빈번하다. 그래서 막상 사고를 당하게 되어 당연히 보험금이 나오려니 하는 기대감으로 보험금 청구를 하면 보상거절이 되곤 하는데, 가입당시의 설계사의 고의 또는 과실을 입증하지 못하면 십중팔구는 소비자의 피해가 된다. 한국인들만의 특성인지는 모르겠으나, 실제 돈거래를 할 때도 주는 사람이나 받는 사람이 당사자가 있는 자리에서 돈을 정확히 세어봐야 하지만 그걸 무례라고 생각하기도 하고, 보험계약시에도 충분한 시간을 가지고 보장내용과 보험약관을 꼼꼼히 살피고 의문 나는 점을 정확히 짚고 서명을 해야 함에도 대충 넘겨버린다. 이런 습관으로는 절대로 현명하고 합리적인 소비를 할 수가 없다.

지난달 우리 동네에 새로 입점한 대형마트에 어쩌다가 아내 혼자 쇼핑을 갔었다. 평소 습관처럼 장 가방에 주워 담고서 그 자리에서 판매전표를 훑어보았더니 판매대에서의 금액과 영수증의 금액이 서로 다르지 않은가? 그래서 그 마트의 한 귀퉁이에 있는 고객만족센터에 가서 이것을 따졌더니 오히려 손님이 판매대의 금액을 잘못 본 거라면서 책망을 하더란다. 물론 순순히 물러날 아내가 아니고 실랑이를 벌인 끝에 마트 측의 과실로 드러나게 되어 사과보상금 5,000원까지 받아낸 일이 있다.

내 아내 아니랄까봐 아내는 보험을 들더라도 보험증권과 약관을 죄다 따져본다. 그래서 15일이라는 청약 철회기한을 알고서 잘못 가입된 것이라면 철회까지도 염두에 두고 있는 터이다.

이런 행위가 쫀쫀한가? 쫀쫀하고 대범하지 못한 행위라고 생각하신다면 여러분은 돈지랄할 확률이 무척 높으신 '봉'이다.

Tip

| 종신보험 Vs 정기보험 Vs CI보험 |

▶ **종신보험** : 생명보험회사의 상품으로써 사망을 조건으로 보장을 하는 보장성보험. 많게는 100세까지의 사망을 보장하기도 하므로 보험료가 상대적으로 높으나, 의료보장의 혜택이 실제로 잘 이루어지지 않는 단점이 있다.

▶ **정기보험** : 정해진 기간 동안 사망보장과 의료보장을 받을 수 있는 보장성보험. 보장기간은 가입자의 선택에 따라 10년이 될 수도 15년, 20년이 될 수도 있고, 70세 만기 또는 80세 만기로도 정할 수 있다. 종신보험에 비해 보험료가 60~70%가 저렴하다.

▶ **CI보험** : 건강보험과 종신보험의 성격을 동시에 가지고 있는 보험, 약관에 명시된 중대한 질병인 말기암, 말기신부전증, 간이식 수술 등 사망률이 높은 치명적인 질병에 걸렸을 경우 사망 시 지급될 사망보험금의 80% 정도를 미리 선지급해서 병원비에 쓰라는 개념의 의료보장상품이다. 그러나 보장의 폭이 너무 좁고, 중대한 질병으로 명시되지 않은 질병들 즉 일반암이나 중기암, 고혈압, 당뇨, 그 외의 뇌질환과 심장질환, 퇴행성질환 등에 대해서 보장이 되지 않는다.

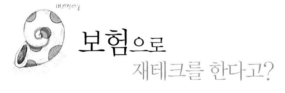

보험으로
재테크를 한다고?

보험료는 매월 적잖은 비용의 지출 항목인지라 툭하면 불평을 할지는 몰라도 어지간한 어른들이라면 보장성 보험 한두 개 정도는 가입했을 것이고, 혹시 모를 미래에 보험사고가 났을 경우 어느 정도 금전적 보충이 되어줄 것을 막연하게나마 믿기 때문에 그 순기능에 대해서는 최소한의 호감은 갖고 있을 것이다.

그런데 몇 년 전부터인가 당초 보험의 기능인 '사고에 대한 보장'에서 크게 벗어난 저축성 보험이 점점 전통적 금융자산의 주요 증식수단이던 적금, 간접투자, 연금 등의 영역을 침범하고 있다.

꽤 다양한 금융업 바닥에서 일한 경력을 바탕으로 나는 그나마 새로운 금융상품이 등장할 때마다 이해하고 분석하는 능력이 일반인들보다야 낫다고 자부한다. 하지만 일반인들, 심지어는 명색이 금융업 종사자라는 은행원, 증권맨들조차도 이런 저축성 보험에 대해서는 그 상품의 속성과 수익성을 전혀 알지 못한 채 어처구니없이 쉽게 가입하고 후회하는 경우가 숱하다.

최근 들어서 지인들로부터 가장 많은 질의를 받는 것이 바로 저축성 보험의 대표주자인 '변액유니버셜보험VUL'이다. 이 상품만큼은 다른 상품과는 달리 복잡한 구조인지라 제대로 설명해주자면 꽤 많은 시간이 소요되기 때문에 장차 이 보험에 대해서는 소정의 상담료라도 받을까 싶기도 하지만, 결국 포기했다. 이래도 한세상 저래도 한세상, 기왕 세상에 태어난 것 죽기 전에 좋은 일 한 가지쯤은 해야 염왕 앞에 서더라도 찍소리 한 번쯤은 해볼 것 같아서다.

몇 년 전 지인의 소개로 알게 된 최군은 다년간 보험회사에서 신입 설계사들을 대상으로 각종 보험상품을 교육하는 일을 하고 있었다. 워낙 진실하고 성실한 총각이라 그에게 동화되어볼까 싶어서 동생처럼 여겨왔는데, 몇 달 전 다니던 회사에서 퇴사하고 말았다. 자진퇴사의 형식이었지만 실질적으로는 회사로부터 극심한 압력을 받은 결과였다.

그 내력을 들어보니 기가 막힐 정도였다. 회사가 주력으로 판매하려는 모 VUL 상품에 대해서 평소에 비판적인 시각을 갖고 있던 최군은 소속 설계사들에게 신중히 판매하도록 교육했고, 수시로 이 상품의 문제점을 지적하면서 회사의 입장에서는 상대적으로 이문이 덜 생기는 연금보험과 보장성 보험 위주로 권유했다는 것이 주된 이유였다.

이런 최군이 보험회사 입장에서야 대역죄인이겠지만, 가입자들에게는 메시아이자 양심수가 아니겠는가? 넓고도 좁은 그 바닥에서 험한 꼴 모두 겪은 그 양심수가 갈 만한 곳은 전혀 낯선 곳일 수밖에 없었다.

그의 말을 빌자면 VUL을 판매하는 행위는 사기죄와 다름이 없다고 한다. 구체적인 예를 들어보자.

기본적으로 10년 이상 불입하게끔 설계되어있는 VUL에 월 불입액 100만 원의 보험료를 납입하면, 10년간 원금만 해도 1억 2,000만 원이 된다. 과연 10년 후에 이자는 고사하고 원금만이라도 손에 쥘 수 있을까?

모든 보험상품이 그렇듯이, 이 상품도 소위 사업비라는 것을 뗀다. 이 사업비를 가지고 설계사에게 영업수당도 주고, 대리점 운영관리비도 충당하며, 그래도 남는 것은 보험사의 수익도 되는 것이다. VUL에 가입하면, 가입월로부터 7년간은 대개 불입액의 15~20%를 사업비로 충당한다. 8년차부터는 약 3~4%를 뗀다. 이걸 떼고 남은 80% 중에서 추가로 펀드운용보수, 특약보험료 부분을 차감한 나머지 부분만이 실제로 투자가 되는 구조다. 설계사가 이걸 고객에게 제대로 설명해줄 것 같은가? 이걸 알고서도 감히 가입할 바보가 있겠는가?

보험 판매 대리점이 어떤 고객으로부터 VUL을 유치한 뒤 2년 정도만 유지시키면 대리점이 받는 총 수수료는 월납 보험료의 600~1,200%에 이른다. 즉 월납 100만 원의 상품이라면 600~1,200만 원에 육박하는 수당을 챙긴다는 것이다. 그중 50~80%는 판매한 설계사에게 수당으로 지급한다. 설계사 입장에서는 월 100만 원씩 붓는 가입자를 1년에 열댓 명만 꼬시면 대기업 간부의 연봉쯤 버는 것이고, 일주일에 한명 정도만 해도 중소형 아파트 한 채는 거뜬히 건지는 셈이다.

실례로 K생명의 꽤 잘 나가던 설계사 P씨는 성북동의 부자에게 집요하게 접근하여 월 불입액 5,000만 원짜리 VUL계약을 받아내고, 그 부자의 지인들까지 소개를 받아 몇 건 성사시키더니 이듬해 호주로 이민갔다.

이쯤 되면 분위기 파악 못하던 독자라도 금방 눈치를 채야한다. 사업비 등을 빼고 남은 80%의 투자금으로는 아무리 운용자가 돈을 잘 굴려도 한동안은 불입 원금조차도 회복하기 힘들 것이라는 점 말이다. 2004~2005년의 주식호황기와 최근 추세에서는 연 20% 이상의 수익률도 가능했지만, 그런 행운은 간헐적인 주식호황기에만 일시적으로 가능하다. 10년 이상의 장기로 보았을 때는 연평균 5~6% 정도 이상의 수익률은 기대하기 어렵다.

보험사에서는 7년 정도면 원금 전액을 회복한다고 선전한다. 그렇지만 역시 이것도 계산해보면 금방 들통 날 사기성 발언이다. 매월 80%도 채 되지 않는 적립금액으로 7년간 운용하면 원금이 된다고? 매월 80만 원으로 1억 원을 만들려면 매년 25% 이상의 수익률을 7년간 유지해야 한다. 전설적인 투자의 달인 워렌 버핏이나 조지 소로스라 할지라도 불가능한 목표라며 손사래를 칠 것이다.

지금 당장 인터넷에 들어가 금융계산기를 띄워 놓고서 다음 두 사례를 비교해보라.

1. 매월 100만 원씩 7년간 5%의 확정금리를 제공하는 은행 적금에 불입한 경우
1. 원금 84,000,000원   만기시 98,975,000원
2. 매월 100만 원씩 7년간 수익률이 확정되지 않은 VUL에 불입한 경우
1. 원금 84,000,000원   만기시 81,480,000원 (사업비 20%를 떼고 남은 돈을 연단리 6% 정도의 적립 이자율로 적용)

즉 누구나 기본적으로 가입할 수 있는 은행 적금에 비해 7년 후 1,740만원의 차이가 난다. 곧 이만큼의 돈이 손해라는 의미다. VUL은 복리운용이라고 반박을 하더라도 복리효과는 20년 이상 묶여있고, 10% 이상의 투자 수익률이 연속될 경우에나 가시적으로 나타나므로 역시 큰 차이는 없다.

확신컨대, VUL은 어떠한 경우에도 적금보다 나은 구석이 없다. 10년 뒤를 가정했을 때 원금을 회복하기는커녕 오히려 원금 대비 적잖은 손실이 생길 것이며, 원금 이상을 회복하리라 기대한다면 약 15년 이상이 걸릴 것임을 자신한다. 또 한편으로 VUL이 자랑하는 복리운용, 중도인출 기능, 비과세 기능 따위는 확실한 목적자금을 모으고자 하는 일반투자자들에게는 있으나 마나 한 포장지요, 미끼일 뿐이다.

돈 잘 쓰는 법을 일러주려는 데 저축성 보험을 거론하는 것이 과연 상관관계가 있을까 의문이 생길지는 모르나, 천만의 말씀이다. 돈을 잘 쓰라는 과제는 곧 돈을 헛되이 쓰지 말라는 뜻이고, 잘못 투자함으로써 돈을 잃지 말자는 말과 같다.

VUL에 가입해도 좋을 사람은 15~20년간 원금손실을 각오하면서 중도인출 없이 꾸준히 불입할 수 있는 사람으로서 이렇게 하자면 평생 넘치도록 수입이 고정적이지만 세금은 부담스러운 부자들에게나 해당될 것이고, 우리 같은 중산층 이하에게는 동화나라의 이야기다.

보험에 기대할 것은 오로지 당초의 기능인 장래 발생할 위험에 대한 금전적 보상의 기능만으로 만족해야 한다. 보험을 이용해서 한몫 챙기려 해서도 안 되고, 보험과 저축을 혼동하여 자산증식의 수단으로 여겨서도 안 될 일이다. 가계에서 보험료는 저축이 아닌 소모성 지출에 해당하므로 가계 월수입의 5% 이내를 한도로 해서 종합적으로 보장하되, 보험금액은 실제 손해를 보전하는 정도에서 만족하는 것이 좋다.

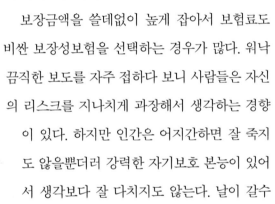

보장금액을 쓸데없이 높게 잡아서 보험료도 비싼 보장성보험을 선택하는 경우가 많다. 워낙 끔찍한 보도를 자주 접하다 보니 사람들은 자신의 리스크를 지나치게 과장해서 생각하는 경향이 있다. 하지만 인간은 어지간하면 잘 죽지도 않을뿐더러 강력한 자기보호 본능이 있어서 생각보다 잘 다치지도 않는다. 날이 갈수록 과학과 의료기술의 발달로 치유도 쉽게 잘 된다. 결과적으로 불필요한 보험료지출의 요소가 되기도 한다.

21세기 이후로 금융시장의 개방과 굵직한 정책변화에 발맞춰 증권, 은행, 보험 등의 고유상품이 상호 통합되기도 하고 교차하기도 한다. 그런 시류 속에서 VUL 같은 혼합형 금융상품도 쏟아져 나오지만, 가입자들 스스로 조금만 더 합리적으로 판단해서 각 금융상품의 본질만큼은 정확히 꿰뚫고 있어야 한다. 그것이 어처구니없는 금전적 손실을 피하는 지름길이다.

보험은 위험 보장, 은행은 종자돈 형성과 자금 융통, 증권은 기업자본 조달의 투자 수단이라는 본질과 속성을 꿰뚫고 있어야만 금융경제생활의 봉으로 전락하는 일을 막을 수 있을 것이다. 모름지기 자신의 돈을 지킬 줄 알고, 헛되이 날리지 않는 것이야 말로 돈을 잘 쓰는 사람의 지혜가 아닐까 싶다.

최군은 최근 새로 옮긴 회사에 다니면서 이런 말을 던진다.

"형님. 아직까지도 본인들은 깨닫지 못하고 있지만, 몇 년 지나면 그 많은 VUL 가입자들 불쌍해서 어쩐대요?"

Tip

| 변액보험 가입시 체크사항 10가지 |

1. 보험금이 확정되지 않은 실적배당상품이라는 점. 따라서 불입 원금의 손실 가능성 상존.

2. 예금자보호 대상이 아니라는 점.

3. 변액상품은 보험료가 펀드에 투자되므로 가입자 성향에 맞는 펀드를 골라야 한다.

4. 사업비가 불입보험료의 몇%인지 얼마정도가 실제로 투자되는지 확인.

5. 중도 해약 시 얼마나 환급받을 수 있는지 정확한 연도별 환급률표를 받아 둘 것!

6. 변액상품은 변액보험판매자격을 갖춘 설계사를 통해서만 가입할 것.

7. 흔한 사례로, 2년만 납입하고 나면 추가납입 안해도 된다는 꾀임에 속지말것. 2년만 납입하다 중지하면 불입했던 돈에서 해마다 추가로 수수료를 빼가므로 나중에는 원금조차 남아있지 않게 될 수도 있다.

8. 변액은 기본적으로 투자상품이므로 원금손실의 가능성 외에도 모든 투자의 책임은 본인에게 있다는 점을 기억한다.

9. 10년 이상, 아니 현실적으로는 20년 정도 해약 없이 꾸준히 납입할 자신이 있는지 장기적인 재무상황을 예상한다.

10. 보험료를 운용하는 펀드운용사가 어딘지, 판매한 회사는 믿을만한 보험회사인지, 설계사는 믿을만한지 확신을 갖고 가입한다.

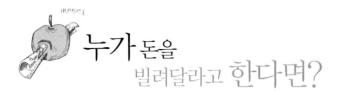

누가 돈을 빌려달라고 한다면?

아무리 있는 척을 안 하더라도 돈이 아쉬운 사람은 귀신같이 알아내고 돈을 빌리러 오는 경우가 있다. 보증 서달라고 하는 경우도 마찬가지다.

직간접적으로 돈을 빌려주다가 애매한 관계가 되기도 하고, 사람까지 잃게 된 이야기를 숱하게 들어봤을 것이다. 그러다가 막상 그 일이 내게 닥쳤을 때 자신 있게 그러나 후환이 없도록 대처할 사람은 별로 없을 것이다.

왠지 거절하면 매정하게 보이기도 하고, 그 사람과의 인간관계가 까칠해질 것을 생각하면 아직은 보이지 않은 훗날의 우환보다는 당장에 눈앞에 닥친 곤란을 이겨내기 힘든 것이다.

이러저러한 부탁을 거절하지 못할 것이라면 그 부탁의 수락으로 인해 훗날 최악의 사태가 발생하더라도 거절 못한 본인이 모든 책임을 감당할 각오를 하고 있어야 한다.

가진 돈을 똑소리 나도록 지키고 싶은 사람이라면 앞으로 이런 일이 생길 때 지혜롭게 거절할 수 있는 배짱과 준비를 갖추고 있어야 한다. 그렇지 않으면 돈은 돈대로 날리고 사람도 잃기 십상이다. 아무리 어려운 상대라도 거절할 수 있는 용기가 없다면 지금 가진 돈은 조만간 없는 돈이나 마찬가지가 될 것이고, 돈 잘 쓰는 법을 열심히 배워봤자 남 좋은 일만 하는 꼴이 된다.

부탁에 대해 거절하는 것을 매정하다고 여길 일도 아니고, 민망한 일도 아니다. 내가 미래에 어려운 일이 닥쳤을 때 누군가에게 이런 부탁을 하게 될 일이 없으리라는 보장은 없지만, 그런 경우라도 거절당하는 것을 두려워할 필요는 없다. 거절당했을 때 거절한 사람의 심정으로 바꿔 생각한다면 한층 이해하기 쉬울 것이다.

여기서 아무리 떠들어봤자 막상 독한 각오를 하고서 거절할 수 있는 사람이 과연 몇 명이나 될까? 아마 심약한 여러분 십중팔구는 면전에서는 거절도 승낙도 할 수 없는 난감한 상태에서 '별일 있을라고?'라는 심정이 앞설 것이라고 점쳐본다.

돈을 빌려주고 보증을 서주는 일은 혼자서만 결정할 문제는 아니다. 잘못될 경우 그 여파는 모든 가족이 떠안게 되므로, 반드시 이런 문제는 적어도 배우자와 함께 상의하여 공동책임임을 인식하고 결정해야 한다.

최선을 다해서 살면서도 최소한의 생계조차도 힘들 정도로 가난한 사람은 생각보다 우리 주변에 그리 흔하지 않다. 그 사람이 왜 그렇게 극심하게 가난한지 먼저 살펴보아야 한다. 평소에 가계부는 쓰던 사람인지, 그렇게 살면서도 집에 자가용이 있는지, 그나마 직장은 성실하게 다니던 사람인지 등등 체크리스트를 만들어보자. 이에 걸려든 사람이라면 최대한 안면을 까는 것이 좋다.

이런 류의 무책임한 사람에게는 얼마를 주더라도 밑 빠진 독에 물 붓는 꼴이다. 땅바닥으로 흘린 물은 되돌릴 수 없다. 만약 불가피한 상황이라면 10만 원의 범위에서는 당장 지갑에 가진 현찰 안에서만 도와주는 것도 괜찮다. 단, 그 돈은 없는 돈이라 여겨야 사람까지 잃는 것을 막을 수 있다.

별로 성실하지 못한 친구나 친척이 스스로 자초한 위기 때문에 당장의 생계를 위해 100만 원을 빌리러 왔다면? '나도 지금은 가진 여윳돈이 없다'는 전략으로 밀고 나간다.

"우리 집의 자금은 모두 주식에 묶여있어요. 그런데 잘못 투자해서 그게 마이너스 50% 상태라서 손절매를 할 수가 없네요.”

"사실은 지난달에 친정오빠 사업자금으로 빌려드려서 지금 가진 돈은 30만 원밖에 없어요. 이거라도 급한 대로 빌려드리고는 싶지만 이번 주말에 우리 아이 병원 치료비로 써야 하거든요.”

"지금 이 집 사느라 대출 받은 게 1억이야. 내 월급의 3분의 2를 원리금으로 갚고 있다네.”

두 번째 유형으로는 자산은 많지만 부채도 많아서 유동성 문제로 제법 큰돈을 빌려달라는 경우가 있다.

요즘은 부동산 재테크가 유행처럼 번져나가 소위 '부동산 거지'들이 많이 생겼다. 고약한 심보대로 하자면 유동성 문제가 터져서 그 땅, 건물들 죄다 경매로 넘어갔으면 좋겠다 싶지만, 그래도 이런 사람들이 빌려달라고 요청하면 굉장히 망설여지기

도 한다. 왜냐하면 이자까지 쳐서 빌려준 돈을 받을 수 있을 것 같다는 미련 때문이다.

그러나 돈을 빌리려는 사람 중에 이런 유형이 가장 위험하다. "이번 물건만 대박 터지면 2할이자 쳐서 갚아줄게"라는 유혹은 곧 "대박이 안 나거나 자금회전 안 되면 빌린 돈 언제 갚아줄지 나도 몰라"라는 뜻과 다름이 없다. 게다가 이런 명목으로 빌려 달라는 경우는 그 금액도 크다. 한마디로 무담보 고위험 투자로의 유혹인 것이다.

이런 요청에 대해서 "내 게 담보권을 설정해주

면 빌려주겠다"라고 한다면 함정에 걸린 것이다. 이런 담보 물건들은 십중팔구 선순위에 밀려서 최악의 경우에는 배당 받을 돈이 한 푼도 없거나, 설령 등기부상 깨끗해 보이더라도 뒤에 숨은 권리관계가 복잡한 경우가 많다. 그렇지 않다면 제1, 2 금융권 가서 빌릴 것이지 당신에게 빌리겠는가?

이런 요청에 대해서는 다음과 같은 멘트를 준비해두자.

"네가 가진 그 자산을 다 처분하고 나서 남는 돈으로 내가 아는 전문가가 추천한 물건에 공동투자 하자. 난 그거 투자하려고 지금 열심히 모으고 있거든. 그건 투자 수익률이 3할이 넘는대."

"우리 아버지한테 여쭤볼게."

경험이 많은 아버지들은 적극적으로 이 작전에 협조하신다.

"형님! 무척 힘드시겠군요. 우린 지금 사정이 여의치 않은데, 처갓집에 한번 부탁해 볼게요."

셋째, 보증이나 빌려준 돈을 떼여 신용불량이 된 사람이 빌려달라고 한다면? 인간관계상 아주 절친한 사람의 절박한 요청을 뿌리치기 어려운 것이 사실이다. 이때는 남에게 빌려줄 돈의 최대 한도를 평소에 준비해 두는 것이 어떨까 한다(예컨대 내가 가족, 친척 다른 사람에게 빌려줄 돈의 최대 한도는 500만원 범위내이다 등등). 이 원칙 하에서 보증을 서든 빌려주든 할 것이다. 누구에게 얼마나 빌려줘야 하는지는 그 친밀도에 따라 틀려지는데, 떼여도 좋은 금액만큼만 보증 서주거나 빌려줄 것. 그렇지 않으면 돈 잃고 사람도 잃을 것이다.

　자녀나 가족 중 일부가 신용불량이나 아주 힘든 위치에 있더라도 이 규모를 더 늘려서는 안 된다. 원인 치유가 되지 않으면 신용불량은 계속 반복되고 결국 빌려준 사람도 사이좋게 신용불량자의 길을 걷게 된다. 오래 전 은행의 대부계에서 일하면서 추심업무도 한 적이 있는데, 채권자(은행) 입장에서는 채권을 회수하기에 상대적으로 만만한 보증인에게 먼저 청구를 한다. 이 때는 보증인에 대한 상환독촉을 최대한 미루다가, 채무자와 보증인의 재산 중 압류 가능한 것이나, 담보 제공이 가능한 것 등에 대해 미리 확인하곤 했다. 갚는다는 말만 믿고 기다리다가는 회수타이밍을 놓쳐버리기 때문에 말(독촉)보다는 행동(법적조치)을 먼저 취했다.

　신용불량상황까지 처했다는 안타까운 사정을 듣고 그 상황이라도 면하게 해주기 위해서 결국 보증을 서주거나 돈을 빌려주고 나서 위와 같은 최악의 상황이 닥쳤다면, 이 때 해야 할 일은 원채무자 대신 떼인 돈을 받는 것이 더 소중한가, 떼이는 것을 감수하고 확실하게 도와주는 것이 더 소중한가를 솔직하게 생각해봐야 한다. 전자가 더 소중하다면 인연 끊을 생각을 하고서 채무자에게 악착같이 빚 독촉을 해야 한다. 지독해 보여도 그래야 할 필요가 있다면 그렇게 해야 사람은 잃더라도 돈은 건진다. 만약 후자가 소중하다면 과감하게 도와주는 셈 치고 신뢰를 쌓아라. 돈 잃고 사람 잃는 대표적인 사례가 어정쩡하게 상환을 요구하면서도 확실하게 행동하지 못하는 경우기 때문이다.

| 차용증 & 현금보관증 |

차용증

차용증서(借用證書)의 준말. 금전이나 물건을 빌려 쓰는 것에 대하여 채무자가 채권자에게 작성해주는 문서를 말한다. 정해진 차용증의 형식은 없으나 채무자와 채권자간의 특정한 약정을 추가할 수도 있고 추후 법적으로 효력을 제시할 수 있는 중요한 문서다. 차용증의 기재사항으로는

① 채무자가 채권자에게서 빌리는 총액

② 차용금액에 대한 이자율

③ 만기가 되면 변제할 장소

④ 변제할 시기

⑤ 만기일에 변제하지 않을 경우의 위약금

⑥ 예정기일에 이자지급 않을 때의 불이익

즉, 원금의 지급에 관한 기한의 이익을 상실한다는 등의 특약조항 등을 명확히 기재한다.

현금보관증

현금보관증은 말 그대로 현금을 보관해준다는 증서로 보관자가 그 돈을 함부로 쓰면 횡령죄에 해당하는 효력을 가지므로 차용증 대신에 쓰이기도 한다. 대여금채권이 있다는 사실에 대한 증거의 일종이므로, 때로는 현금보관증이 없더라도 증인이나 입금증 기타 유력한 증거가 있다면 대여금에 대한 법적권리를 주장할 수 있다.

현금보관증 역시 특별한 양식이 정해져 있는 것이 아니므로 현금 보관에 관한 내용을 정확하게 기재하면 된다. "언제 어떤 명목의 돈이 얼마나 들어갔고, 그 돈을 언제까지 갚겠다."는 내용을 적고 나중의 위조 시비를 없애기 위해 인감도장 및 인감증명을 첨부하면 완전한 효력을 가진다.

그러나 주의할 것은 현금보관증을 작성했다 하더라도 법원에서는 형법(횡령죄)을 적용하지 않고 민법(채무이행강제)로 판단하기도 한다는 점이다.

애인과 아내에게 돈 쓰는 법

　　　　　　언젠가 인터넷 기사를 보니 연예리포터 김생민 씨가 결혼한다는 소식과 아울러 프러포즈 비용으로 케이크와 와인 두 잔 값으로 36,000원만 들었다는 사연이 소개되고 있었다. 36,000원짜리건 360만 원짜리건 프러포즈 받는 여성이 만족하기만 하다면야 그 비용의 대소가 무슨 상관이겠는가 싶다가도 또 한편으로는 나와 같은 팀으로 일하고 있는 강대리가 문득 떠올랐다.

　어느 날 술자리에서 그는 8년 전 대학에서 지금의 아내를 만나 결혼까지 간 이야기를 자랑한다. 군 제대 후 복학하고서, 자신의 후배 중 가장 미인이던 그녀를 반드시 꼬시겠노라고 마음을 먹었단다. 그러나 수많은 경쟁자를 물리치고 목표를 달성하고자 하는 데, 어찌 굳센 의지만으로 되겠는가? 당연히 군자금도 필요할 수밖에.

당시의 빠듯한 용돈으로는 교통비와 점심값 외에는 여분이 있을 리가 없던 그는 한동안 그녀와 괜히 껄떡대는 선후배 관계 이상으로는 발전시키지 못한 채 학교 근처 공사장에서 시간제 노동 알바를 하면서 100여만 원을 거머쥐었다.

"강대리야. 그래서 그 돈으로 그녀에게 선물공세라도 펼친 거야? 개처럼 벌어서 정승처럼 썼구먼?"

"당연하죠. 우리 마누라쯤 되는 괜찮은 여자를 얻는 데, 그 정도는 투자해야죠. 그래도 오해는 마슈. 단지 물질적인 공세는 부수적일 뿐, 어디까지나 몸과 마음으로 때워서 성공했다고 자부하니까요."

그의 말인즉, 학과 후배기도 했던 그녀의 남자친구가 머지않아 군 입대를 앞둔 것을 간파하고서, 고무신을 거꾸로 신게 할 중장기 전략을 짰단다. 순박해 뵈는 외모와는 달리 숭악한 전략을 세운 그에게는 절호의 노마크 찬스를 놓칠 수도 없었고, 미리 준비했던 군자금은 초반공략에 결정적인 도움을 주었다는 것이다. 구체적인 그의 전략전술을 여기에 소개하자니 프라이버시 문제이므로 생략하기로 하겠다.

아무튼 그녀를 얻기 위해 온몸을 던진 그의 열정도 칭찬할 만

하지만 그밖에도 용의주도한 작업 타이밍에 좌중 모두 혀를 내두를 수밖에 없었다.

"무슨 돈이 있어서 밑 빠진 독에 물 붓듯 돈을 썼겠어요? 기껏해야 1,000원짜리 밥값 정도였지요. 결정적인 승부수는 쓰고 남은 군자금으로 올인 한 40만 원짜리 생일선물이 주효했었죠."

"그게 뭐야? 플루토늄반지라도 사준 거야?"

(강대리는 플래티넘과 플루토늄을 자주 혼동한다.)

"그런 건 나이 많은 아저씨들이 하는 짓이지. 에이, 레벨 안 맞아서 못 놀아주겠네. 그 40만 원은 커플 핸드폰 값이라우. 그때만 해도 어지간한 대학생들이 핸드폰 장만하기는 빡빡했을 거요."

이쯤에서 '강대리의 헤픈 씀씀이를 지적하려는구나'라고 지레짐작한 독자가 있다면 아직 주제를 잘 이해하지 못하고 있는 사람이다. 오히려 몸으로 때워서 총알을 마련한 집요함과 추진력, 그리고 적재적소에 돈 쓸 줄 아는 판단력을 칭찬하고 싶다.

앞서 소개한 김생민 씨가 연애기간 동안 과연 강대리 같은 스타일로 작업을 했는지는 알 수가 없으나, 여기서는 애인이나 배우자의 마음을 사기 위해 너무 즉흥적이고 이벤트성의 소모적인 비용을 많이 쓰지 않게 하기 위한 지침을 주고 싶다.

19세기 초 프로이센의 전략가로 유명한 장군 클라우제비츠는 《전쟁론》에서 "적에게 절대적 우위를 차지할 수 없을 때는 자신이 현재 갖고 있는 힘을 능숙하게 이용하여, 결정적인 단계에 상대적 우위를 차지해야 한다"라고 말한 바 있다. 이 말은 직장, 애인, 가족 등 모든 대인관계에 적용되어도 전혀 틀리지 않다.

일생의 반려자를 얻기 위해 대개의 청춘 남녀들이 이성에게 엄청난 시간과 비용을 지출하고 있다. 그렇게 투자를 해서라도 결국 그 또는 그녀와 결혼까지 골인할 수 있었다면 다행이겠지만, 그나마 성공할 확률이 그리 높지도 않았을 것이다.

'아이고! 그동안 쏟아 부은 돈이 얼만데…'

떠나보내고 남은 것이라곤 카드로 긁었던 할부 잔액뿐임을 탓하면서 질질 짜봐야 별무소용이다. 아니, 여전히 그 전철의 반복이 다반사였을 터. 어차피 현재의 사고방식으로는 사랑을 쟁취하기 위해서는 적잖은 연애비용이 부담되면서도 결국은 거부감 없이 받아들였을 테니 말이다.

기업이 고객의 지갑을 털 때도 그렇고, 그녀의 마음을 움직이기 위해서도 마찬가지. 핵심은 '만족도'다. 그녀를 위한 만족도라는 것이 꼭 품질에 비례하는 것만은 아니거니와, 또 비싼 것이 최고일 이유도 없을 뿐만 아니라 깜짝 이벤트여야 할 필요도 없다. 오로지 상대방이 접수하는 감동 내지는 기쁨의 크기가 가장 중요하다. 뼈 빠지게 몸으로 때우고 용돈 모아 값비싼 명품을 사다줘도 상대방이 원하는 것이 아니라면 투여한 리소스만큼 효과가 없는 것이다.

이제부터 돈을 덜 쓰고도 진실한 마음과 실속을 담아 기대 이상의 약효가 있었던 방법을 몇 가지 소개해본다.

그대가 이미 결혼하여 임자가 있는 몸이라면 배우자를 위해 챙겨야 할 날들이 너무 많다고 여길 것이다. 밸런타인데이, 화이트데이, 크리스마스, 생일, 결혼기념일, 심지어는 칠월칠석, 만난 지 100일, 1,000일 등등이 다가오면 의무감으로 뭔가 해야 할 텐데, 딱히 쌈박한 아이템이 아니면 헛돈만 쓰게 되지나 않을까 두렵기도 하다.

하지만 이제부터는 좀 색다른 것으로 준비해볼 수 있다. 그 한 가지로 결혼을 했거나 예정한 사이라면, 상대방의 명의로 된 주식계좌 혹은 CMA계좌를 만들어서 블루칩을 사거나, 선물비용만큼을 계좌에 넣고서 잔고증명서를 선물해보자. 처음에는 괜히 낯설고 당장 뭔가 눈에 보이는 현물이 아니라 실망할지는 몰라도 한두 번만 더 받아본다면 이게 바로 만족도 측면에서 으뜸임을 깨닫게 될 것이다. 그녀가 액세서리를 좋아한다면 환금성 좋은 보석반지나 목걸이, 팔찌 등을 번갈아 가면서 사줘도 좋다.

단 주의해야 할 점이 있다. 평소에 어지간히 속 썩이다가 이런 걸로 만회하려 한다면 "당신은 그저 돈이면 다 되는 인간이야"라는 역효과를 낼 수 있으므로 자신을 돌아보고 이 액션을 취하도록 한다.

만약 그대가 미혼이거나 돈 없는 학생이라면 이성을 감동시킬 만한 돈 쓰는 방법은 더더욱 많고 쉽다. 나의 숱한 경험으로 봤을 때 연애라는 게 지나고 보니 '유치함의 미학'이더라. 상대방이 원하는 것은 자신의 전부를 맡겨도 좋을 만큼 믿고 싶은 '그 무엇'이다. 오히려 돈을 덜 쓰더라도, 몸과 마음과 시간으로 때워도 될 아이템이 부지기수란 말이다.

실제로도 효과 1,000%였던 사례를 들어보자. 과연 그대라면 아래의 사례들보다도 값비싼 선물공세나 근사한 달구지로 데이트 하는 것이 더 효과적이라 보는가?

- ☞ 약간 촌스러워도 그이를 위해 손수 십자수로 만든 핸드폰 줄. (남자 쪽에서 만든 거라면 그 약발은 상상을 초월한다)
- ☞ 근사한 패밀리 레스토랑에서 5만 원짜리 식사로 무드 잡느니, 신당동의 가장 비싼 떡볶이 요리를 먹으면서 DJ 허리케인박을 구경한다.
- ☞ (아직도 허리케인박은 살아있다)
- ☞ 일기예보를 미리 파악해두고, 갑자기 비오는 날에 미리 그녀의 회사나 학교 앞에서 기다리기.
- ☞ (이 짓은 열 번쯤 시도해서 한 번이라도 먹힌다면 대성공이다)
- ☞ 평소 조금이나마 미안한 행동에 대한 사죄나 사소한 고마움에 대한 내용의 자필 편지.
- ☞ (PC로 쓰면 안 하느니만 못하다)

🐢 택시비가 좀 들더라도 새벽녘 집 앞에 찾아가서 한마디! 너무 보고 싶어서 눈뜨자마자 왔다고….

🐢 (눈곱과 침 흘린 자국은 반드시 제거한다)

🐢 가까운 산이나 공원에 가서, 둘이 함께 지은 이름 붙인 묘목 심기.

🐢 (잘 키우다가 뽑히거나 훼손되지 않도록 장소 선정 잘하자)

🐢 아직은 그이가 내 맘을 몰라주는 단계라 할지라도 직접 만든 쿠키나 빵을 편지로 포장해서 주는 건 어떨까?

🐢 (방부제 안 넣은 것은 하루 만에 변질된다. "벌레나 잡아먹으라는 뜻이냐?"라는 욕먹지 않게 유효타이밍 잘 맞추라)

이런 것들이 하나도 안 먹힌다면 목표물의 골이 비었거나 피도 눈물도 없는 파충류라고 생각하자. 골이 없는 파충류를 사랑할 수는 없잖은가?

남자들은 자기보다도 못한 것을 사랑할 수가 있습니다. 보잘것없는 것, 더러운 것, 불명예스러운 것, 그런 것까지 사랑하실 수 있어요.

하지만 여자는 사랑하고 있을 때는 그 사람을 존경하는 거예요. 만약 그 존경을 잃어버린다면 그들은 모든 것을 잃어버리고 마는 것입니다.

_오스카 와일드

자녀에게 돈 쓰는 법

작년에 역세권으로 이사를 하고 나니 전에 없이 보이는 새로운 모습이 바로 전철승객들의 풍경이다. 그중에서도 가장 눈에 끌리는 것은 우리들의 자녀, 즉 학생들이다.

나는 초등학교 4학년 시절부터 꽤 먼 곳으로 통학을 시작해서 이후 직장생활을 하는 30여 년간을 대중교통 속에 있는 학생들 모습에는 그다지 관심을 가져본 일이 없었는데, 최근에는 새삼스럽게도 그들의 모습이 여간 싱그러운 게 아니다.

재미있게 그들을 관찰하던 중에 공통적으로 보인 모습이 있었는데, 그것은 거의 한결같이 달고 다니는 MP3나 PMP, 그리고 최신형 휴대폰이다. 초등학생으로 보이는 어린 학생도 별반

다른 점은 없었다.

고개가 갸우뚱하면서 '쟤들이 무슨 돈이 있어서 죄다 저런 것들을 갖고 다니는 것일까? 요즘 아이들의 유행 아이템인가?' 하는 생각이 들었다.

기성세대의 시각으로는 학생신분으로서 별로 필요하지 않을 저런 물건이 마뜩치 않게 보일지는 모르지만, 당사자인 아이들에게는 어른들이 쓰는 신용카드, 자가용만큼이나 필수품인지도 모른다. 대개는 부모님들이 저것들을 사주었을 터! 과연 어떤 생각을 하고서 저걸 사줬을까?

"엄마, 이번에 새로 나온 MP3핸드폰 사줘잉."

"이 녀석아 지금 쓰는 것도 멀쩡한데 왜 또 사달라고 하니?"

"이젠 구닥다리가 돼서 친구들이 놀린단 말야."

"아이구, 조그만 녀석들이 유행을 알다니…. 쯧쯧, 알았다. 다음 달 월급날에 생각해보자."

아이들과 부모 사이에 상투적으로 있음직한 대화다. 만약 내 자식이 내게 저런 투정을 부린다면 어떻게 할까?

"아빠, 제 친구들은 다 갖고 있다는데, 저도 닌텐도게임기 사주세요."

"그게 얼마인지, 기존 구매자의 평가는 어떤지 알아보거라."

"제일 싼 쇼핑몰이 26만 원이고, 아직 특별한 악평은 없답니다."

"그것을 사주면 어떻게 활용이 될 것인지, 그리고 그것을 사고 나면 나중에 너와 우리 집의 가계에 어떤 영향을 미칠지도 생각해보자."

이 대목에서 아이의 싹수가 드러날 것이다.

- ☜ 호로자식 : 아휴, 피곤해. 관둬요 관둬.
- ☜ 잘 키운 자식 : 그것을 제대로 쓰면 제 창의력에 어느 정도 도움이 될 것 같고요. 가끔 공부하다가 지루해지면 이걸로 기분전환이 될 수 있을 거예요. 단 너무 빠지지 않도록 조절할게요. 이것을 사면 그 가격만큼 우리 집의 저축을 줄이든지, 생활비를 몇 %는 아껴야 하니까 한동안은 제 용돈을 조금씩 줄이고, 아빠의 구두도 닦고 세차도 대신하고, 엄마 일을 더 많이 돕도록 하겠습니다.

아직 돈을 벌지는 못해도 우리 자녀들도 엄연한 인격체이자 소비주체인데, 매번 돈 쓰는 건건이 통제하고 간섭하는 것이 바람직한 교육법이라고 할 수는 없다.

얼마를 줄 것인지를 합리적으로 결정했다면, 아이들이 어떻게 쓰든지 간여치 말고 쿨하게 믿고 맡기자. 단 그만큼의 용돈이 왜 필요한지, 그들이 돈에 대하여 어떤 계획과 가치관을 갖고 있는지는 정확히 알고 나서야 쿨해질 필요가 있다.

아이들에게 주는 용돈은 월 단위가 아니라, 주 단위로 주는 것이 좋다. 아이가 15살이면 15,000원, 10살이면 10,000원 하는 식의 규칙을 세우되, 가급적 1,000원 단위의 지폐로 주는 것이 보다 돈을 현실감을 가지고 쪼개어 쓰는 데 도움이 된다.

자녀의 용돈이 정해졌다면, 정기적으로 우리 가계의 현황을 알려주는 것도 필수다. 예컨대, 아빠가 출근하셔서 어떤 일을 하시고 받는 월급이 얼마인데, 대출 상환으로 20년 동안 매월 얼마가 지출되고, 부모님 용돈으로 얼마가 필요하고, 기타 생활비, 교육비 등으로 얼마가 나가고, 미래를 위해 보험료와 저축으로 얼마가 필요하고 등등을 고지서와 영수증까지 함께 보면서 공감을 한다면 우리들의 자녀는 자신이 받는 용돈이 어떤 가치를 지니고 있는지, 어떻게 써야 하는지를 저절로 알게 된다.

현명한 어른들이라면 가계부를 쓰면서 어떤 효과를 얻는지를 알려주고, 아이들에게도 용돈기입장을 쓰게 하는 것도 필수다. 가계부와 용돈기입장의 가장 기본적인 기능은 '기록'이다. 기록은 천재의 기억보다도 더욱 정확하고 영구적이다. 기록은 과거의 사실이자, 미래를 예측하게 하는 자극제다.

초기에는 자녀의 용돈기입장 작성을 감독할 필요가 있다. 단, 간섭이 되지 않도록 주의해야 한다. 자녀가 쓴 것마다 기록하는 요령을 알려주고 영수증을 첨부하게 하며 돈의 수입과 지출 흐름을 알려주면 대차대조와 손익의 개념도 저절로 이해시킬 수 있다.

저축의 맛을 알게 해주는 것도 무척 중요하다. 의무적으로 얼마를 저축하라는 식의 강요는 별로 도움이 안 된다. 계획성 있는 소비를 알려주기 위해서는 한 주간 소비할 일을 미리 계획하게 하고, 남는 돈이 있다면 절반 이상은 미리 저축하도록 권유한다. 만약 계획범위 내에서 소비하고 저축하는 것까지 성공했다면 그에 따른 포상을 해주자. 100원을 저축했다면 그에 대한 포상으로 저축한 돈의 30~50% 정도를 자녀의 저축통장에 넣어주면서 저축의 맛을 알게 한다. 저축의 맛을 알게 되면 어지간한 어른들도 힘들다는 "저축을 먼저 하고 남은 돈을 쓰라"는 재테크의 기본법칙을 자연스럽게 체득하게 된다.

여기에 한 가지 더 필요한 것은 그 모인 돈으로 무엇을 할 것인지도 구체적인 목표를 정하도록 하면 더할 나위 없겠다. 예컨대 10만 원이 모이면 나이키 운동화를 산다든지, 100만 원이 되면 해외여행을 다녀오도록 하는 식의 저축목표를 정하면 왜 돈을 아끼고 모아야 하는지 분명한 이유를 알게 되는 것이다.

자녀에게까지 돈을 잘 쓰는 부모는 그리 많지 않아 보인다. 바로 부모들 자신 또한 그런 교육을 받아본 적이 없었거니와 지금도 그런 방법을 배울 만한 환경이 아니기 때문이다.

어지간하면 아이가 원하는 대로 다 해주는 것이 부모노릇이라는 그릇된 생각이 종국에는 얼마나 어리석은 결과를 가져왔는지 굳이 예를 들지 않더라도 주위에서 숱하게 볼 수 있다. 자녀에 대한 관심은 독립적이고 경제적인 인격체이자 조화롭게 살아갈 사회구성원으로 자라도록 도와주는 관심이어야지, 자녀가 금쪽같이 사랑스러운 나머지 무엇이든 원하는 것을 모두 들어주려는 관심이 되어서는 안 된다는 의미다.

엊그제 주말에 엄니의 생신을 맞아 멀리 살고 있는 누나 부부와 조카녀석이 찾아왔다.

"누나. 큰놈은 왜 안 데리고 왔어? 엄니가 큰놈을 얼마나 보고 싶어 하시는데."

"내일모레가 학교 모의고사란다. 지난번 시험에서 학교성적이 전교 20등이나 떨어졌다고 방방 뛰더니 이번에 만회하려는가 보더라."

내심 화가 치밀어서 이런 말이 목구멍까지 나왔다.

"맨날 조카녀석들 공부 잘한다는 자랑만 하지 말고, 사람 노릇 잘한다는 자랑을 해보셔. 그렇게 중요한 시험일수록 오히려 자기를 그렇게 사랑하는 외할머니를 위해서 한 나절쯤 할애하자고 가르치는 게 더 큰 교육이라는 걸 모르시나? 에잉, 누나도 영락없는 속물이네."

옆에서 내 기분을 눈치 챘는지 "아마 누나 말고도 대부분의 요즘 엄마들이 이럴 걸?"이라며 위로하는 아내의 얘기를 들으니 한 번 더 울화통이 터진다.

내 큰조카놈은 자기도 모르게 나름 이런 정리를 하고 있는지
도 모른다.

- 우리 부모님은 내가 공부를 잘해서 좋은 대학교에 가는 것
  이 제일 중요하다고 한다.
- 오늘 엄마를 보니까 공부만 잘하면 모든 게 용서가 되는 모
  양이다.
- 앞으로도 무슨 일이 생겨서 어른들을 찾아뵐 일이 생길 때
  마다 시험이나 직장일, 내 자식새끼의 시험을 핑계대면 얼
  마든지 빠질 수 있겠다.

자녀들에게 주는 돈과 사랑이 자칫하면 '독'이 되고 '집착'이
될 수도 있음을 깨닫는 부모가 될 필요가 있다.

모름지기 부모는 자녀의 거울이다. 우리 자녀는 거울 보듯이
항상 부모를 지켜보고 배우는 것이니, 앞으로 보게 될 내 자식의
형상은 학교도 아니요, 사회도 아니라 바로 우리 부모가 만든 것
이다. 내가 하는 언행을 자식이 여과 없이 받아들여서 닮을 것이
라는 것을 안다면 어찌 돈 한 푼이라도 함부로 쓸 것이며, 말 한
마디라도 무겁지 않을 수 있겠는가?

| 용돈기입장 사용법 |

1. 항상 소지하도록 한다. 그래야 밀리지 않고 그때그때 바로 기입할 수 있다. 두어 달만 챙기면 습관이 된다.

2. 귀찮더라도 영수증은 반드시 받아서 모아둔다.

3. 가지고 싶은 비싼 물건은 용돈을 모아서 사게 한다.

4. 기입할 때는 붉은색이나 파란색 펜을 활용해서 지출과 수입을 쉽게 구분해서 볼 수 있도록 한다.

5. 용돈은 일주일 단위로 주고, 한 달 단위로 용돈기입장을 정리해보면서 불필요한 지출에 대해 반성할 시간을 갖는다.

6. 초심처럼 꾸준하기가 힘들 수 있으니, 달성 가능한 작은 목표를 정해둔다. 예컨대 '7월에는 용돈에서 1만 원을 남기기' 따위. 성공했다면 부모가 인센티브를 주는 것도 좋다.

7. 어떤 경우에도 한방에 용돈을 모두 써버리지 않도록 한다. 그래야 불시에 돈이 필요한 경우에도 대처할 수 있다. 어른들도 마찬가지가 아니던가?

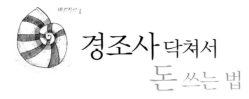

경조사 닥쳐서 돈 쓰는 법

지난 달 회사 동생이 무심코 건네는 말.

"형, 소식 들었어? 저번에 내가 소개해서 저녁때 같이 술 마셨던 종현이 말야. 그 녀석 이번 주말에 봉은사에서 결혼한대."

"그래? 너한테 지금 처음 들었지. 야. 근데 그 녀석 결혼하는 건 축하할 일이다만, 겨우 두 번 만났는데 가야 되는 거야? 그래도 초면부터 형님형님 하면서 살갑게 군 녀석인데 모른척 하기도 껄적지근하네."

이런 경우 참 난감할 것이다. 게다가 결혼시즌이 다가오면 결혼하겠다는 커플들이 부쩍 자주 청첩장을 보낸다. 그리 친하지 않은데도 청첩을 받게 되거나, 얼굴 한 번도 본적 없는 이의 경조사에도 가야 할 경우가 있으며, 경조비는 얼마를 낼지 은근한 고민이 아닐 수 없다.

아마 대개는 딱 부러지는 경조사의 참석 여부와 부조금액에 대한 매뉴얼을 갖고 있지는 않을 테니, 평소의 인간관계와 이해관계에 따라 주머니 사정을 감안해가면서 결정할 것이다. 그런 고무줄 기준에 따르다 보면 때로는 덜 친한 사람의 경조사에도 의무감으로 참석하게 되고, 친한 사람보다도 더 많은 금액을 부조하기도 한다.

머리가 커지면서 어김없이 이런 속앓이를 겪게 되는 사회인을 위해 경조사 경험자들의 지혜를 빌려서 참석기준을 소개하고자 한다. 흐르는 물과 같은 인간관계를 무 자르듯 정의할 수는 없지만 이런 기준마저 없는 것보다는 나으리라.

꼭 참석해야 하는 경조사

나의 경조사에 참석했던 사람과 평소에 물심양면으로 힘이 되어줬던 사람은 시간장소 불문하고 필히 참석한다. 참석해야 할 경조사에 이런저런 사정으로 못 가게 되면 뒷간에서 대사를 치르고 나서 뒤처리 안 한 것처럼 오래오래 찝찝하다. 내게 닥친 경조사 때문이 아니라면 무조건 가라.

업무적으로 미래에 기브 앤 테이크Give & Take의 발생이 확실시 되는 사람과 정기적인 모임이나 회사의 팀원으로서 매일, 혹은 불가피하게 얼굴을 봐야 할 경우도 특별한 일 없으면 참석한다.

내가 참석할 것이란 기대를 하지 않았을 사람의 경조사에 참석했다면, 그 사람과의 훗날 어지간한 계약이나 거래는 99% OK다!

□ **어디까지 참석해야 하는지?**

경사는 당사자 본인의 것만 참석하고, 조사는 당사자+2촌까지 참석하며, 일가친척의 경우 애경사 공히 4촌까지 참석한다.

잔치보다 초

상을 당하는 사람의 마음이 더욱 외롭고 사람이 그리운 법이다. 그리고 초상집에서는 평소 때보다 더욱 친밀하고 속 깊은 정서를 나눌 수가 있고, 인생과 죽음에 대해 한 번 더 깨달을 수 있는 좋은 기회가 된다.

경사와 조사가 겹쳤을 때는 조사를 우선시하고, 가급적 부부가 같이 참석한다. 애경사를 모두 직접 경험해본 결과, 부조금의 많고 적음보다는 축하나 위로를 해주려고 얼마나 많은 이들이 내왕해 주었는지에 관심이 간다.

경조사의 장소가 너무 멀다면?

3명 이상을 모아서 승용차를 이용한다. 물론 연료비, 통행료 등은 당연히 공동부담의 원칙을 따른다.

꼭 가야만 하는 경조사도 아니고 부산, 목포, 도서산간 지역이라서 다음날 출근에 지장이 된다면, 갈 사람들과 사다리를 타서 대표가 혼자 다녀오는 것도 고려할 만하다. 물론 이때도 교통비 등은 갹출할 것!

조문은 가급적 둘째 날보다는 첫째 날에 참석한다

잔치일 경우 미리 예고가 되어 있으므로 그런 문제는 발생하지 않지만, 초상은 예고되어 있지 않아서 물리적인 통보시간의 차이로 인해 부득이하게 낭일보다는 2일째에 상대적으로 많은 사람이 참석하게 된다. 상주 입장에서는 첫날에 온 조문객이 더욱 고맙고 기억에 남는 법이다.

기왕 참석했다면 가급적 오래 머무른다

따로 시간 쪼개고 교통비 들여서 참석했는데, 눈도장만 찍고 돌아오겠는가? 경조사 참석보다 쇼핑이나 가족들과의 소풍이 더 중요하다고 보지는 않는다.

만약 조문을 간 것이라면 최소한 두어 시간 정도는 머무르며 이런저런 고인에 관한 이야기도 듣고, 몸으로 때울 일이 있으면 잠시라도 도와주기도 하면서 힘들어 하는 상주가 혼자가 아님을 느끼게 해주는 것이 좋다.

같은 시각에 경조사가 겹쳐서 다른 곳도 가야 한다면, 가급적 참석자들이 적은 곳으로 선택해서 오래 머무는 것이 좋겠다.

어느 정도의 성의를 보일까

사실 경조사 소식을 들었을 때 가장 민감한 부분일 수도 있다. 단무지정신으로 사람마다 등급을 정해서 3, 5, 7, 10만 원으로 딱딱 구분할 수만 있다면야 얼마나 상쾌할까마는, 제일 먼저 고려하는 척도는 과거 나의 경조사에 그는 얼마를 부조했었는지를 따져보면 될 것이고, 특수한 경우를 빼면 굳이 5만 원을 넘을 필요는 없다.

앞에서도 언급했듯이 경조사를 당한 본인의 입장에서는 축의금이나 부의금의 다과보다는 올 사람이 과연 참석해주었는지, 와서 내게 어떠한 축하와 위로를 해주었는지가 절대적인 관건이기 때문이다.

불참하게 되었다면 어떻게 할까?

아무리 오지랖 넓고 꼼꼼한 사람도 가끔은 까먹기도 하고, 다른 갑작스러운 중요한 일과 겹쳐서 부득이 불참하는 경우도 종종 있다.

예컨대, 오늘까지 회사의 중요한 프로젝트를 완수해야 하는 책임자의 입장에서 타인에게 위임할 상황도 아닌데 친구 아버님께서 돌아가셨다는 소식을 접했다면 그 누구라도 초난감이다. 이러저러한 일로 불참하게 되어 미안하다는 통보만으로 면책될 수 있다면 얼마나 좋을까마는, 오른쪽 뇌 한켠으로는 내내 심드렁한 모습의 그 친구가 떠올라서 결국 죽도 밥도 안 되는 수가 있다.

사람노릇하며 사는 게 이토록 힘들다니…. 어쩔 수 없는 선택의 문제는 때로는 어쩔 수 없는 오해와 이별을 낳는 법! 이런 경우에는 사후약방문이라도 처방하자.

결혼식 같은 잔칫집의 불참이었다면 상대적으로 심적 부담은 덜하다. 훗날 기회를 만들어서 축의금에 해당하는 금액의 필요할 법한 선물이나 기념품을 건네주면서 불참에 대한 한두 마디 멘트로 대충 마무리된다. 내 경험으로 볼 때 받는 상대가 여성인 경우 향수, 패션소품, 요리책 세트 등이 무난하고, 남성이라면 역시 향수도 좋고, 면도기나 스킨로션 세트, 넥타이 등으로 때우니 후환은 전혀 없었다.

그런데 정말 난감한 것이 조문 불참이다. 가장 필요로 할 때 잠시도 곁에 있어주질 못했으니, 대놓고 표현도 못하겠고 얼마나 농도 짙은 아쉬움과 서운함이 남겠는가?

이런 경우에는 훗날 따로 그 친구와 함께 묘소에 가서 헌화하고 애도를 하는 것이 어떨까? 만약 상주의 일가친척이라면 삼우제나 사십구제를 할 때 반드시 참석하는 것이 좋다.

잔칫집이건 초상집이건 그 근본의 마음을 잊지 마라

예로부터 경조사에 동참하는 취지가 곧 '진지한 마음을 전하는 것'이었을진대, 언제부터인지 금전적 부담을 먼저 생각하게 되었고, 더불어서 시간적, 지리적 참석조건을 먼저 따져보기도 한다. 심지어는 다른 사람은 얼마를 내는지 눈치를 보기도 하고, 경조사에 기껏 참석했는데 '훗날 내게 뭔가 이익으로 돌아오는 건 없을까' 하는 사악한 기대도 해본다.

문득 언젠가 코미디 프로그램의 한 코너에서 주인공의 서글픈 개그 한마디가 떠오른다.

"형이 하는 말~ 오해하지 말고 들어? 결혼식 가기 전에 밥은 먹고 갈 거야~ 그래서 하는 말인데, 축의금으로 만 원만 내면 안 되겠니?"

이 글을 찬찬히 읽었다면 결코 모든 경조사의 참석 그 자체가 계산되어질 수가 없고 부조금의 액수 또한 그리 중요한 것이 아니라는 점을 깨달았을 것이다.

마음을 주고받는 행위는 결코 금액으로 환산할 수가 없다. 위 개그맨처럼 만 원만 부조하더라도 기쁜 마음으로 열심히 박수쳐주고 축하해주었다면, 호텔에서 6만 원짜리 스테이크를 대접했더라도 잔치의 주인은 오히려 감사한 마음을 갖게 될 것이다.

과거에 그랬고 앞으로도 그렇다. 앞으로는 경조사를 맞이했을 때 위 두 줄만큼은 꼭 기억하자. 경조사에 임할 때 가장 중요한 점은, 얼마를 어떤 곳에 내야 하는지를 고민할 것이 아니라, 과연 우리가 기뻐하는 마음과 슬퍼하는 마음이 있는지를 돌아보자는 것이다.

Tip

| 조의금 봉투 쓰는 법 |

겉봉 상단에 謹弔(근조), 追慕(추모), 追悼(추도), 哀悼(애도), 弔意(조의), 尉靈(위령), 賻儀(부의), 慰靈(위령), 謹悼(근도), '삼가 故人의 冥福을 빕니다' 등을 쓰고 뒷면이나 아랫줄에 성명을 써서 문상 후에 부의함에 넣는다.

정식으로 하자면 A4사이즈의 단자로 부의금을 감싸는 전통에 절을 따라야 하겠지만, 요즘에는 단자를 쓰는 일이 거의 없어졌다.

만 원으로 10만 원짜리 선물하는 법

돈 만 원으로 무엇을 할 수 있을까? 막연하게나마 금방 떠오르는 것으로,

- 🐚 오늘 점심시간에 직장동료와 사먹은 자장면 곱배기와 볶음밥값
- 🐚 우리 집에서 직장까지 출퇴근할 일주일분 차비
- 🐚 구두 다섯 번 닦을 가격.
- 🐚 우리 마누라 장볼 때 서너 끼니의 밑반찬거리는 될까?
- 🐚 벽다방 커피 50잔은 뽑을 수도 있겠다.

새삼스레 나열해보려니 생각보다 만 원으로 살 만한 것도 없고, 할 수 있는 일도 별로 없다.

우리 회사의 한 알바생이 냉녹차를 들이대면서 친한 척 한다.

"차장님 또래의 오빠한테 선물을 하려고 하는데 뭐가 좋을까요?"

"설마 띠동갑 되는 아저씨를 사귀는 건 아니지? 예산은 얼마쯤 생각해?"

"만 원이요!"

만 원이라. 그렇게 난해한 걸 묻다니. 만 원짜리 전철패스를 선물하라고 할 수도 있고, 자장면 식권 3장도 나쁘진 않을 것이다. 그러나 만 원이면 자신의 일주일치 용돈이니 만큼 그녀가 기대하는 것은 결코 평범하지 않으면서도 꽤 오랫동안 자신을 기억해줄 수 있을 만한 선물이리라.

'가장 적은 인풋Input으로 가장 큰 아웃풋Output을 취하라'는 것은 돈을 잘 쓰기 위한 기본 원칙이다. 적지 않은 돈을 쓰고도 생색조차 못 내는 바보가 되지 않으려면, 최소한 평소부터 받는 이에게 관심과 애정을 가졌어야 한다. 당신이 위 알바였다면 어떤 선물을 하겠는가? 이제부터 만 원으로 10만 원, 아니 수백만 원 이상의 가치를 발휘할 수 있는 선물을 고민해보자.

지난해 여름이다. 내 사무실 책상에는 늘 점심식사 후 양치질을 위한 치약칫솔 세트가 있다. 어느 날 치약이 떨어져서 동료에게 치약 구걸을 했는데, 다음날, 그 다음날도 치약 사오는 것을 까먹어서, 사실은 그거 하나 사러 가기가 귀찮아서 자꾸 빌리게 되었다.

그렇게 며칠이 지나서 내 생일이 되었고, 퇴근 무렵이 되니 팀원들 몇 명이 돈을 모아서 상큼한 색상의 와이셔츠를 선물한다. 입이 헤벌쭉해서 인근 호프집에서 맥주를 마시는데, 파장할 무렵에 한 알바 S군이 선물이랍시고 뭔가를 내놓는다.

"짜슥, 월급이 얼마나 된다고 너까지 이런 걸 주냐?"

"별거 아녀요. 차장님한테 필요한 거 같아서요. 뜯어보세요."

알바생 월급이야 뻔할 뻔자고 나는 크게 기대하지 않으면서 선물을 뜯어보았다.

"헉! 치약칫솔 세트잖아? 귀여운 녀석. 쌩뚱맞구먼."

"치약 다 떨어졌었죠? 자세히 보니깐 칫솔모도 다 자빠졌던데…. 그나마 최고급 치약칫솔이니까 제 생각하시면서 오래 쓰세요."

일하는 모습에도 느꼈었지만, 그는 역시 남다른 생각을 가진 녀석이었다. 받는 사람이 과연 원하던 것인지, 무엇이 필요했는지에 관심이 있었던 것이다. 와이셔츠 가격이 스무 배는 더 비쌌지만, 내가 받은 효용가치는 와이셔츠보다는 치약세트가 스무 배 이상으로 느껴졌다. 어느 방송 프로그램의 제목처럼 '만원의 행복'이 바로 이런 것일까? 그 일이 있은 후 나는 틈나는 대로 그 녀석에게 내가 아는 최고의 재테크 왕도와 각론을 가르쳐 주었다.

사회생활을 하면서 사람노릇을 제대로 하고자 한다면 친인척, 직장 선후배, 기타 지인들과의 관계에 있어서 불가피하게 챙겨야 할 일이 허다하다. 그중에서 대놓고 말하기도 그렇고, 혼자서 끙끙 고민하게 되는 것이 바로 생일이나 환송, 기타 축하할 일이 생겼을 때, 어떻게 해야 할 것인가 하는 문제다. 특히 손윗사람에게 해야 한다면 그건 차라리 스트레스에 가깝다.

마음의 선물이 최고라는 사람도 있지만, 별다른 이유 없이 마음의 선물만 남발하다가는 왕따 당할 확률이 99%다. 결론은 뻔하다. 바로 '마음이 담긴 선물'이다. 여기서의 마음은 곧 관심이요 정이며 실속이다.

앞에서 언급했듯이 선물은 주는 이의 마음을 온전히 표현한 재화나 용역이다. 그런데 아무리 마음을 듬뿍 담았어도 그 물건이 정작 받는 이에게는 전혀 필요치 않았거나 오히려 마이너스가 되는 물건도 있다.

예를 들어, 뽀글파마를 한 여성에게 머리끈을 선물한다든지, 한창 시험공부 중인 학생에게 X-Box게임기를 사줘서야 되겠는가? 오히려 "이 인간이 나한테 별로 관심이 없었구나" 하는 오해를 사기에 딱 좋다.

그렇다면 요즘 가장 속 편한 선물로 채택되곤 하는 백화점 상품권을 주면서 '니 필요한 거 니 맘대로 쓰세요'라고 한다면 좋아할 사람도 있겠지만, 이것을 두고 '마음을 담은 선물'이라고 말하기는 곤란하다. 물론 상품권을 팔아먹으려는 업자들은 "마음을 전하는 선물" 어쩌고 하면서 자기들의 상품권으로 선물하도록 유혹한다.

그럼 도대체 어쩌라는 것인가? 아예 "너한테 선물 뭐 해줄까?"라며 대놓고 물어보는 것이 속 시원하지 않을까? 물론 이 방법이 서로 쿨할 수도 있고, 돈 쓰면서 욕먹는 리스크를 줄일 수는 있겠지만, 받는 이가 예측한 선물은 아무래도 주고받는 맛이 뚝 떨어지니 역시 권하고 싶지 않다. 받는 이에게도 부담 없으면서 의미가 있고, 주는 이도 스트레스 없이 즐거울 수 있는 그런 선물로 과연 어떤 것들이 있을까?

대상과 상관없이 가장 무난한 책 선물

아끼는 지인을 위한 선물로는 '책'이 좋다. 가급적 자신이 보았던 책 중에 가장 감동적이었거나 유익했던 책을 선물한다. 조그마한 메모장이나 포스트잇, 또는 편지지에 자신이 읽었던 소감과 함께 공감하고 싶은 부분을 적어서 끼워두면 책 이외의 또

하나의 감동을 선물하게 될 것이다.

　나는 책을 선물할 때면, 스티븐 코비의《성공하는 사람들의 7가지 습관》이나 시오노나나미의《로마인이야기》1권 혹은 4권으로 한다. 이 책을 소화하기 어려운 아이들한테는 도서상품권으로 주면 좋겠다지만, 어떤 영악한 녀석들은 상품권을 '깡' 처리해서 그 돈으로 뻘짓을 하곤 한다. 그야말로 숭악한 놈들이 아닐 수 없다.

어르신께 드릴 때는 지팡이, 옥침구

　노인들은 이런 거 저런 거 다 필요 없으니 오로지 현찰이 최고라고 하신다. 그렇지만 설마 현찰 만

원만 달랑 드릴 수야 있겠는가? 그 어르신도 최소한 5~10만 원은 기대하실 터! 10만 원의 여력이 있다면 천 원짜리나 5천 원짜리 신권으로 바꿔드리면 좋겠지만, 그게 아니라면 지팡이를 선물해보라. 등산용품점에 가면, 짚기도 쉽고, 길이조절도 되며 보기보단 짱짱한 스틱이 많다. 손잡이 부분을 부드러운 천으로 폭신하게 붙여드리면 더욱 좋아하신다.

옥침구는 탁구공만한 공에 뾰족한 침이 붙어있어 손의 경혈을 자극하는 도구로서 장년층에게 인기가 좋다. 약수터에 가면 옥침구를 손에 쥐고서 운동하는 노인들을 심심치 않게 볼 수 있다. 어느 대선후보도 이걸 만지작거리면서 인터뷰하는 장면을 숱하게 보았다. 또래들이 다들 갖고 있으니 어르신 본인도 갖고 싶어 하시지 않을까?

직장 동료나 친구에게는 프랭클린플래너, 시스템 다이어리

써본 사람은 알 것이다. 직장인이나 학생들이 플래너와 시스템 다이어리를 잘 쓰게 되면 시간관리나 목표관리에 큰 도움이 된다. 일반적인 기록만 하던 다이어리 기능 외에도 자신의 사명과 주간, 월간, 연간 목표를 효과적으로 관리해주기도 하니 받는 이에게는 인생의 대전환점이 될 수 있을 정도로 의미 있는 선물이 된다. 가격은 몇 천 원에서 수십만 원까지 다양하므로, 여러 명이 돈을 모아서 선물해도 좋다. 플래너의 중간삽지에 선물한 사람들의 마음을 담은 멘트를 적어주면 오랫동안 무척 고마워한다.

젊은 남자에게는 넥타이 혹은 손수건 세트

성인이 된 남자들에게 넥타이는 그야말로 다다익선이다. 정장을 입어야 하는 직장인에게는 스무 개를 갖고 있더라도 넥타이가 새로 하나 추가된다고 해서 전혀 불필요하지 않다. 양복을 입는 남자에게 넥타이는 멋을 낼 수 있는 핵심 액세서리와 마찬가지기 때문이다. 설령 정장을 잘 입지 않더라도 넥타이가 필요한 경우가 많다. 조금만 신경 쓰면 5만 원짜리 같은 만 원짜리 넥타이도 많다. 참고로 대개의 남성들은 의외로 자주 문상을 가게 되므로, 검정 넥타이가 없어서 당황하던 경험들이 있으니, 이 점을 알아두면 보탬이 되겠다.

손수건은 꽤 자주 쓰는데도 많이 갖고 있지는 않은 물건이다. 연인 사이가 아니면 오해할 사람은 없을 테니, 담백한 디자인의 손수건을 선물해주면 모두 환영할 것이다. 안경 쓴 사람에게는 안경을 닦는 데도 좋을 부드러운 면소재라면 더욱 좋다.

젊은 여성에게는 향수나 핸드크림

향수는 남녀노소를 불구하고 선물로 받게 되면 싫어하지는 않을 선물이다. 단, 사람마다 선호하는 취향이 다양해서 과연 받고서 좋아할지까지는 모르니, 받는 이의 취향을 미리 파악해두는 정성은 필수다. 그런데 누구나 알 만한 브랜드 향수는 가격이 너무 비싸다는 것이 흠이다. 그렇지만 요령껏 찾아보면 경매사이트에서 거의 새것 같은 1만 원 대의 중고 향수가 꽤 많다. 비록 중고라는 것이 티가 날지라도 "당신이 혹시 싫어할까 싶어서 내가 몇 번 뿌려보고 골랐다"라고 하면서 예쁘게 포장해서 선물한다면 그 누가 언짢아하겠는가? 내 아내도 고급향수선물을 꽤 받았지만, 별로 좋아하지 않는 향수는 옥션에 헐값에 팔아버렸다. 올려놓자마자 1시간 만에 팔린단다.

핸드크림은 값도 싸고, 받는 이에게 특별한 의미를 주기도 한다. 손이 예쁜 사람에게는 "그 예쁜 손을 지켜주고 싶어서 주는 것"이라고 하면 되고, 거북이 등껍닥 같은 손이면 "예쁜 손 만들어주고 싶어서 선물하는 것"이라고 하면 된다. 근사한 곳에 데려가서 몇만 원짜리 식사를 하는 것보다는 요즘 인기 있는 '뉴트로OO 핸드크림' 한 통 건네주면 그것을 쓸 때마다 당신을 생각하면서 흐뭇해 할 것이다.

위의 추천 선물들을 보면 내가 굳이 말을 하지 않더라도 공통점이 보일 것이다. 공통점을 알면 쉽게 응용도 될 것이다. 부디 주는 이와 받는 이가 모두 기뻐할 수 있도록 우리들 먼저 선물문화를 바꿔보자.

Tip

| 각 나라별 금기시 하는 선물 |

사회생활을 하다보면 외국인 친구들에게도 선물을 해야 할 기회를 접할 수 있다. 만리타향에 나와 지내는 친구들이라면 당신의 작은 정성이 무엇보다 커다란 효과를 보이게 될 것이다. 그렇지만 나라마다 절대로 선물로 주고받아서는 안 되는 품목들이 있으니 반드시 주의해야 한다.

▶ **중국** : 죽음과 관련된 짚신과 괘종시계는 선물하지 마라. 중국어로 '괘종시계'라는 단어에는 '장례식'의 뜻이 내포되어 있단다. 그리고 흰색, 검은색, 파란색이 많이 들어간 물건도 금물. 중국인들은 선물을 받기 전에 세 번 정도 거절을 하지만 그렇다 해서 그만두지 말고 계속 권해야 한다. 현금을 줄 때 축의금과 선물은 짝수로, 부의금은 홀수의 금액으로 준다.

▶ **일본** : 죽음을 상징하는 흰색, 숫자 '4'와 관련된 선물은 좋지 않다.

▶ **독일** : 포장한 꽃을 좋아하지 않고, 특히 꽃일 경우 홀수로 선물한다. 또한 비즈니스 관계로 맺어진 사람일 경우 값비싼 선물은 뇌물로 취급되므로 주의.

▶ **프랑스** : 빨간 장미를 아무에게나 선물하면 큰일 날 일. 구애를 뜻하기 때문이다. 우리가 어버이날 감사의 의미로 선물하는 카네이션이 이곳에서는 장례식용. 불길한 꽃으로 생각할 수도 있다. 프랑스 사람들은 향수에 대해 너무나 잘 알고 개인성향이 강한 기호품이기 때문에 선물용으로는 적당하지 않다. 또한 이들에게 와인을 선물하는 것은 한국 사람에게 소주를 선물하는 것과 같은 의미.

▶ **미국** : 백합꽃은 죽음을 의미한다.

▶ **브라질, 아르헨티나** : 인간관계의 단절을 뜻하는 칼은 피한다. 특히 아르헨티나 사람의 경우 수입한 술에는 세금이 많이 붙기

때문에 스카치위스키나 프랑스산 샴페인을 선물하면 좋아한
다.

▶ **이집트** : 선물 받는 것을 무척 좋아하고 보석류 등의 화려한 것
을 선호한다. 또한 일부 상류층은 인삼의 우수성을 알기 때문
에 인삼을 선물해도 좋다. 그리고 선물을 주거나 받을 때는 반
드시 오른손을 사용한다.

▶ **말레이시아** : 장난감 강아지, 개 그림이 들어간 것은 절대금지!
개를 부정한 것으로 여기기 때문이다.

인맥관리에 쓰는 돈

인터넷 검색창에서 '인맥관리'라는 단어를 치면 무수히 많은 검색결과가 뜬다. 인맥관리를 위한 10계명, 노하우 등의 다양한 내용이 쏟아진다. 수많은 네트워크로 연결된 사회에서 영양가 있는 인맥을 만들기도 힘들지만 애써 흐릿하게나마 맺어놓은 인맥을 내 사람으로 만들기는 참으로 어렵기만 하다. 어찌어찌하여 내 사람이 되었나 싶어도 어영부영하다가 보니 도로 뻘쭘한 관계가 되기도 한다.

쓸 만한 인맥을 만드는 데 반드시 명문학교 출신일 필요가 없거니와 내 스스로가 대단히 영양가 있는 사람일 필요도 없다. 또한 인맥관리가 돈이 많은 상류층만의 전유물도 아니고, 사업가들에게만 유리한 것도 아니다.

내가 남들에게 자랑할 정도의 풍부한 인맥을 갖고 있는지는 다소 의문이지만, 내게 크게 아쉬운 일이 생긴다면 인맥을 활용하는 것만으로도 대부분은 해결할 정도는 된다고 자신한다. 이런 인맥을 갖추기 위해서 술과 오락, 별다른 취미라든지 유흥이 필요하지도 않았다. 기껏해야 밥값 정도와 차 몇 잔 비용, 나머지는 그를 향한 나의 관심과 열정뿐이다.

일단 사람을 알게 되면 마음이 통할 수 있도록 내 스스로가 마음을 먼저 열었다. 나만 마음을 열고 상대는 끝끝내 경계를 하는 일도 잦았지만 그게 손해가 된 적은 없었다. 마음을 활짝 여는데 돈이 들던가? 그냥 조금 아쉽고 말 뿐이다.

통성명을 하고 서로에 대한 기초정보를 파악했다면, 다음 수순으로 그의 인격이 개망나니 수준은 아니라는 확신이 드는 순간부터 한 달간은 나의 레이더망에 걸어둔다. 그를 보다 잘 알기 위해서 가벼운 거래도 해본다. 밥 한 끼니 같이 먹기도 하고, 그의 회사 근처로 가서 그의 시간을 잠시 빌려서 벽다방 커피라도 나눈다. 물론 쓰잘데기 없는 소리만 하려고 불러낸다면 나는 귀찮은 인간으로 찍힌다. 평소에 그의 관심사가 무엇인지 미리 파악해두고 그가 주식에 관심이 있다면 특정 주식종목에 대한 정보를 흘려주기도 하고, 골프에 관심이 있다면 기본 골프용어 정도는 마스터하여 그린피가 저렴한 골프장 정보를 알려주기도 한다. 필요하다면 그가 거래하는 회사의 내부 정보도 살짝 흘려준다.

명절 때만 되면 알음알음 알고만 지내던 지인들이 보낸 문자 메시지가 최소한 100개는 넘는다. 그렇지만 미안하게도 이런 짓은 의도와는 달리 인맥관리에 결코 도움이 되지 않는다. 어디선가 베낀 진부한 멘트를 카피해서 여기저기 뿌린 SMS가 받는 이의 입장에서는 오히려 너무도 식상하고 성의 없게만 여겨진다.

평소에 인맥관리를 잘하는 사람은 비단 1년 넘게 못 만났던 사람일지라도 한 달에 한 번 정도의 안부전화만으로도 충분한 관리가 된다. 나보다 나이가 많으면 형이고 누님이다. 그렇지만 무조건 함부로 형으로 부르기를 권하지는 않는다. 자칫 형, 동생을 남발하다가는 가볍고 느끼한 사람으로 인식되기 십상이다.

한 달에 한 번의 액션이 힘들다면 계절에 한 번이라도 좋다. 밝은 기분이 상대에게도 전해지게끔 "형! 그냥 생각나서 전화해봤어. 좀 전에 형이 다니는 회사 앞을 지나갔는데, 문득 형 생각이 나고 보고 싶기도 해서 전화해본 거야. 별일 없지?"라는 짧은 인사가 먹힌다면 그 인맥의 유통기한은 3년쯤 늘어난다고 보면 된다. 통화비는 끽해야 1,000원이다. 얼마나 효과적이고 효율적인 인맥관리 비용인가?

용건이 있어야만 연락하는 인맥과 아무 일 없이 그저 그냥 보고 싶어서, 문득 생각나서 연락한 인맥의 유통기한이 똑같을 수가 없는 것은 인지상정이 아닌가?

'대여섯 다리만 걸치면 대한민국 백성이 모두 인맥'이라는 허풍쟁이의 말이 있다. 아무리 인맥관리를 잘한다 하더라도 어찌 5천만 동포가 모두 인맥일 수야 있겠는가마는 이론상 전혀 불가능한 것만은 아니다. 내가 아는 사람 중에도 명함첩에 1천개가 넘는 명함을 관리하고 있고, 최신 휴대폰에 수천 명의 지인들의 전화번호를 저장하고 있는 사람이 있다. 이런 사람을 내 사람으로 만든다면 그가 갖고 있는 수천 명의 인맥이 나의 가용 데이터베이스라고 할 만하다. 이런 사람들만 골라서 걸치고 또 걸친다면 산술적으로 세 다리만 걸쳐도 1,000명×1,000명×1,000명=10억 명에 이르는 셈이다.

사람 사귀는 것은 영 젬병이라는 이들도 있다. 이런 분들은 본인의 성격적인 이유도 있겠으나, 인간관계 자체가 쓰디쓴 약을 먹듯이 부담스럽기만 한 것이다. 이런 사람은 위에 소개한 대로 인맥이 풍부한 사람을 집중공략하면 될 것이다. 진심과 성의를 다해서 그 한 사람만 내 사람으로 만들면 그가 가진 1,000명의 인맥도 내 인맥이 될 수 있다.

예나 지금이나 이렇다 할 인맥이 전혀 없이 자신의 힘만으로는 방귀 깨나 뀌면서 살기는 힘들다. 활인活人과 용인用人을 잘하는 사람은 자신의 능력을 백 배 천 배 증폭할 수 있기에 보다 다이내믹한 삶을 살 수도 있다. 그렇지만 인맥이 파벌이나 학연,

실적에 이용된다면 머지않아 자승자박의 결과를 초래할 확률이 퍽 높다. 그리하여 인맥이 엉뚱하게도 고객으로 전락하는 경우도 종종 본다.

인맥은 자신의 이익에 도움이 될 수도 있을 테지만, 때로는 내가 도움이 돼줘야 하는 경우도 감내해야 한다. 그 사람을 내 사람으로 만든다는 것은 바꾸어 말하면 내가 곧 그의 사람이 됨이니, 그 사람을 위해서 내가 아무런 대가 없이도 일정 부분을 희생할 수도 있다는 확신이 들 때만 비로소 인맥이라고 할 만하다. **이는 곧 인맥관리는 인간관리가 되어야 함을 의미한다.** 그리고 아무리 사소한 도움을 받았더라도 반드시 그에 대한 답례를 잊어서는 안 된다. 감사편지도 좋고, 선물도 좋다. 비록 답례를 바라지는 않았을지라도 도움을 준 그이는 어떤 식으로든지 답례를 한 인맥을 기억해줄 것이고, 기꺼이 또 도와줄 준비가 되어있을 것이다.

비록 당신의 어눌한 언변뿐일지라도 진심 묻은 뚝심이 상대에게 통할 수만 있다면 당신은 누구보다 막강한 일당백의 인맥을 가질 수 있으니, 굳이 애써서 인맥을 잘 관리하는 비법을 찾아 헤맬 필요가 없다.

자기 자신을 알려거든 남이 하는 일을 주의해서 잘 살펴보아라.

다른 사람의 행동은 나의 거울이다.

또 다른 사람을 알려거든 특히 그 사람을 아껴주어라.

또 그 사람을 이해하려거든 먼저 자기 마음속을 들여다보아라.

네가 남에게 바라는 것이 있다면 네가 먼저 베풀어라

_시르렐

배움에 쓰는 돈

　　　　　　　직장 동기모임 도중 〈그것이 알고 싶다〉
를 우연히 보게 되었다. 자녀의 조기유학으로 인한 각종 폐해를
집중적으로 보도한 내용이었다. 언젠가는 기러기아빠의 죽음
에 관한 기사도 수차례 있었고, 영어공부를 위해 너나 할 것 없
이 영어권 국가로 유학을 떠나는 대학생은 주위에 너무도 흔하
다. 국내 각종 자격증 열풍은 또 어떤가? 학생이 아니더라도 직
장인과 주부들도 마치 자격증 하나 없으면 생존할 수 없다는 듯
괜찮다 싶은 학원은 그야말로 문전성시다.

　'아는 것이 곧 돈'이라는 명제가 진리가 돼버린 이 세상에서
하나라도 더 배우려는 것을 어찌 나무랄 수 있을까만, 배움의 목

적과 방향성을 상실한 채 남들이 하니까 막연히 좇는 것은 결과적으로 헛돈을 쓰게 하고 시간을 낭비하게 될 뿐만 아니라, 다른 배움의 길로 새로 들어서기 어렵게 만든다.

전문대학 졸업 후 입사해 다니던 조그만 회사를 회사 사정으로 퇴사하게 된 30세의 P양은 일찍이 배우고 싶었던 제과제빵학원 6개월 과정을 마쳤다. 배우면서 동네 제과점에서 거의 무보수로 허드렛일까지 하느라 바빴는지 가까운 사람들조차 만나기 힘들었다. 기간 중 총 학원비는 80만 원. 수료 후에 청담동의 제법 큰 제과점에서 1년째 일하고 있다. 월급은 110만 원.

서울의 유명 대학을 졸업한 후 중소 무역회사에 다니던 31세의 C군은 적성에 맞지 않아 1년여 만에 사표를 내고 캐나다의 공립대학 부설어학원으로 1년간 어학연수를 다녀왔다. 부모님이 지원해준 덕택에 비교적 괜찮은 시설에서 생활했고 별도의 아르바이트는 하지 않아도 되었다. 기간 중 총 경비는 2,200여만 원. 귀국 후에는 다니던 회사의 경쟁관계였던 무역회사에 입사했다. 월급은 150만 원.

내 가까운 주위에 있는 이 두 명을 바라보고 있으면 5년 후, 아니 10년 후까지도 극명하게 달라질 것임이 선하게 보인다. 그 이유는 두 명 각각이 새로이 시작하려는 목적과 과정이 달랐기 때문이다.

굳이 비교하자면 P양은 지리산 정상인 천왕봉에 오르기 위한 장거리 코스인 반선에서 뱀사골을 거쳐 노고단, 형제봉, 촛대봉을 지나는 길고 험한 코스를 택했고, C군은 차량으로 성삼재까지 갔다가 능선을 타고 천왕봉까지 쉽게 빨리 가겠다는 목표를 세운 것이라고 할 수 있겠다.

여러분 중에도 '파리똥박사' 이야기를 알 만한 사람이 꽤 있을 것이다. 나 역시 회사동료가 우연히 메일을 포워딩 해줘서 알게 된 것인데 상당히 쓸모 있는 사례라서 잊지 않고 있었다. 혹시라도 내용을 모른다면 이 글 끝에 간단한 줄거리를 담아두었으니 참고하기 바란다.

무릇 '배움'은 무엇을 배우든지 그 자체로서 고귀한 것이다. 동식물이 아닌 인간으로 태어난 덕분에 사람노릇을 제대로 하기 위해서라도 끊임없는 배움이 필요하고, 이런 과정을 거쳐서 비로소 점차 건전한 사회의 일원으로서 제 삶을 살아가게 되는 것이다.

그렇지만 언제부터인지 점점 우리나라의 교육행태가 영 어그러진 모습으로 일관되어 가고 있다. 다른 건 다 필요 없고 일단 명문대학 졸업장이나 그럴듯한 자격증을 따 놓는 것 자체가 장땡이 돼버렸다. 다른 목적을 위한 수단이 되어야 할 것이 오히려 최종적인 목표가 돼버렸으니 말이다. 그러다 보니 기껏 졸업을 하거나 자격증을 따서도 방향성 없이 이리저리 휩쓸리다가 오히려 사람노릇도 못하는 못난이들이 속출하고 있다.

쑥스럽지만 이해를 돕기 위해서 내 자랑거리를 예로 들어보겠다.

지금으로부터 14년 전인 대학교 3학년 때의 일이다. 별볼일없는 대학을 다니면서도 나 때문에 고생하시는 부모님을 위해서라도 열심히 공부해서 좋은 곳에 취직하고 싶었다. 그리고 개인적인 욕심이 있었던 바, 바로 우리 학과가 생긴 이후로 한 번도 올A⁺가 없었다는 교수님의 말에 도전의식이 생겼다. 그런데 문제는 시간이었다.

올A⁺ 성적을 거두기 위한 공부시간이 부족해서가 아니라, 그동안 적당히 공부하고도 성적장학금을 받을 수 있었던 널널한 사고방식으로는 이 성적을 확실하게 얻어낼 자신이 없었다. 남들은 이해하기 힘들 것이다. 오히려 시간이 많아서 좋은 성적을 낼 자신이 없다니….

그래서 생각해낸 것이 새로
두 건의 아르바이트를 시작
해서 학비도 벌고, 시간
을 잘 쪼개서

원하는 성적도 달성하겠다는 다짐이었다.

　결론은 당연히 대성공이었다. 예상한 대로 시간이 귀한 줄 알았기 때문에 공부할 때만큼은 무서운 집중력을 보였던 것이다. 게다가 체력적인 문제가 발생하면 어느 하나를 포기하게 될까 우려해서 전에는 안 하던 새벽운동까지 시작했다. 5시에 일어나서 넓은 캠퍼스를 두 바퀴 뛰고, 오전 7시부터 오후 강의 끝날 때까지 짬나는 대로 도서관에서 공부를 하고, 오후에는 두 건의 파트타임 아르바이트를 한 것이다.

　그때의 경험이 지금도, 아니 어쩌면 죽을 때까지도 확실하게 남겨준 것이 있는데, 그것은 별것도 아닌 성적장학금과 아르바이트 급여가 아닌 바로 '자신감'이다. 남이 아닌 내 스스로 정한 다소 벅찬 목표를 구체적인 실천방법을 만들어서 도중에도 여러 번 포기하고 싶은 유혹을 이겨냈다는 자신감이야말로 지금의 나를 있게 해준 최고의 자산이 되어 주었다.

　그 경험은 졸업동기들보다도 빨리, 그것도 대부분의 사람들이 선망하던 은행에 취직하게 해주었고, 직장생활을 하면서도 나도 모르게 효율적으로 시간관리를 하는 습관으로 남아서 동료들로부터 자기관리를 잘

하는 사람이라는 인상을 심어주었다.

자신이 무엇을 하고 싶은지도, 뭘 잘하는지도 모르는 상태에서 누가 하라고 하니까 이런 저런 학원을 다니고, 유학을 가고, 전공을 선택하는 우리 젊은 이들이 훗날 사람노릇을 제대로 할 수 있을까? 요즘 대졸자들의 취업난이 갈수록 심각해지는데 이것이 과연 정부와 사회의 탓만이라고 할 수 있을까? 파리똥박사도 문제의 마침표가 파리똥이었다는 사실을 전혀 몰랐어도 논문을 내기 위한 그 과정은 몹시 고달프고 외로운 싸움이었을 것이다.

먼저 소개한 P양 또한 자신이 하고 싶은 일에 목표를 정하고 고단한 길을 택해서 지금도 묵묵히 일하고 있다. 이런 길을 택한 사람은 그 결과야 어찌 되었건 무엇과도 바꿀 수 없는 자신감을 얻게 되리라.

국내의 모든 일자리 중에서 유창한 외국어가 반드시 필요한 일자리가 과연 얼마나 될까? 50%쯤? 아니 5%라도 될지 모르겠다. 물론 외국어를 잘하면 어떤 기업에서는 취업과 승진의 기회가 상대적으로 많기는 하다. 그러나 모든 경우에 그런 것은 아니다. 내 주위의 고속 승진자들은 외국어와는 상관없이도 탁월한 비즈니스 감각, 원만한 대인관계, 자기분야에서의 프로의식 등의 능력만으로 남들보다 빠르게 성공을 하고 기타 여러 분야에서도 두각을 나타낸 사람들이 대부분이다.

직접적인 필요성이 없는데도 막연한 불안감 때문에 잘할 자신도 없는 외국어를 공부하다가 엉뚱하게도 유일한 자산이었던 자신감마저 잃게 될 필요는 없다. 비싼 돈 들여서 외국어 실력은 눈곱만큼은 늘었는데, 그보다 더 큰 자신감을 잃었다면 또 헛돈을 쓰게 된 것이다.

만일 훗날 내가 혹시라도 채용책임자가 된다면 결코 자격증이나 외국어 능력을 채용의 중요변수로 삼지는 않을 것이다. 물론 기막힌 언변이나 외모에도 속지 않을 것이다. 제일 중요한 핵심가치는 회사의 이익과 성장이요, 이를 위해서는 바로 그 사람의 자신감과 성실성, 도전의식이 포인트일 테니 말이다. 이런 사람이 있다면 당신이라도 언제 어디서나 곁에 두고 싶은 파트너가 아닌가?

무리를 해서라도 자식들을 서울 강남의 입시학교에 집어넣고, 어떤 희생을 치르더라도 아랑곳 없이 남의 자식들처럼 명문 보습학원을 보내는 사람들이 많다. 이런 사람들의 유일한 목표가 내 자녀들의 SKY 졸업장 때문이 아닐까? 아이들이 무엇을 하고 싶은지, 잘할 수 있는 것은 무엇인지 스스로 고민하게 하고, 필요하다면 혼자 힘으로 그것을 최종 결정하게 해야 한다. 자신이 결정한 것이므로 설령 실패하더라도 자신의 책임으로 극복하려고 할 것이고, 재기의 의욕도 불태우게 될 것이다.

금쪽같은 내 새끼에게 세상 사는 데 도움이 될까 싶어 비용은 들더라도 어떻게 해서든지 유학이라도 보내놓으면 최소한 영어 하나만큼은 빠삭하게 배워오겠지 하는 부모의 기대는 결과적으로는 이에 부응하기는커녕 영어는 조금 할지 몰라도, 평생 사람 노릇도 못하는 반푼이가 될 확률이 훨씬 높다는 것을 확신한다.

믿고 싶지 않겠지만 부모가 일방적으로 그린 그림대로 길러진 자식이 원하는 졸업장을 따고 좋은 회사에 입사해서 드디어 제구실은 하는 사람 만들었다 싶을 때 그 자식이 부모에게 "그동안 애써주신 은혜 잊지 않겠사옵니다"라며 고마워할는지 퍽 의심스럽다.

그렇게 살아온 자식은 결코 부모로부터 독립적인 사회인이 될 수 없다. 결혼할 때가 되면 결혼비용과 집값을 내달라고 손 내밀 것이고, 힘든 일이 생길 때마다 자주적인 결정도 못하고 책임회피형의 무능한 자식으로 살아갈 뿐이다.

급기야는 이런 자식들은 부모가 빨리 죽기를 바라기도 한다. 그래야 자기 몫의 유산이 생길 테니까. 이런 극단적인 사례가 설마 생길까마는, 주변의 이런 못난이들을 찾아보라. 꽤 많다. 앞으로는 더욱 많아질 것이다.

지금도 열심히 무엇인가를 배우는 학생들과 어른들은 혹시 돈으로 배움을 사겠다는 생각을 하고 있는 것은 아닌지 차갑게 성찰해볼 일이다. 돈으로 산 것보다는 몸과 마음을 기울여 얻으려 할 때, 갖고자 했던 것보다 더 큰 것을 구할 수 있다.

| 파리똥박사 이야기 |

제임스 조이스James Aloysius Joyce가 쓴 어느 소설에 있지 말아야 할 자리에 마침표가 찍혀 있었다. 우리나라의 천재 작가 이상처럼 그 역시도 평소부터 워낙 난해하고 실험성이 강한 작품으로 유명했던 터라 그 마침표에 대해서 후세의 학계에서도 온갖 해석과 이론이 난무했다.

어느 날 젊은 학생이 이 마침표에 대해서 나름대로의 의미를 정의하고 해석한 논문을 발표했고 그것은 세계적으로 인정을 받게 되었다. 그 논문으로 일약 스타가 되고 박사까지 된 그 젊은이는 우연한 기회에 제임스 조이스가 쓴 그 소설의 원본을 직접 볼 기회가 생겼는데, 알고 보니 그 마침표는 저자가 집필을 하다가 우연히 묻은 파리똥이었다.

이것으로 인하여 그 젊은이는 '파리똥박사'라고 불리게 되었지만, 그의 명예가 실추되었거나 박사학위가 취소되지는 않았다. 결과적으로 보면 파리똥 논문으로 인해 박사가 된 것임에도 불구하고 학계에서는 그의 논문의 진위를 떠나서 그 난해한 논문을 쓴 과정에 대해 가치를 두어 박사학위를 수여했던 것이다.

돈 제대로 쓰려면
내집 마련부터

        내집 마련이라는 일생일대의 숙원을 당신들의 세대에서 끝내버리고, 자식 대에서 만큼은 어렵지 않게 자기 집을 갖고 살기를 바라셨을 것이다. 그러나 그 여망에 부응하지 못한 채 아직도 이 좁은 땅덩어리에서, 그나마도 대도시에만 편중되어 심화되고 있는 주택문제는 결국 우리 세대에서도 해결하지 못할 과제로 남겨지게 되었다.

    그럼에도 결코 내집 마련의 꿈을 포기할 수도 없는 작금의 현실에서 한 가지라도 더 공부하고 미리 준비해야 할 이유는 분명한 바, 집 장만 하느라 안 써도 될 곳에 더 많은 돈을 써야 하고 급기야는 수억 원의 돈을 쏟아 붓고도 통한의 눈물을 흘리기도 한다. 이에 다른 곳에서 아무리 돈을 제대로 써왔다 하더라도 결정적인 곳에서 크게 낭패를 보게 될 가능성을 어떻게든 줄여볼까 싶은 취지에서 내집 마련을 하려는 여러분들에게 피 같은 돈을 지켜드리기 위한 방법을 알려드리려 한다.

내집 마련의 방법은 여러 가지가 있다

청약부금이나 청약저축에 가입했다가 분양 받아 입주하는 방법에서부터, 기존 주택을 매매하는 방법, 속칭 딱지라고 부르는 재건축이나 재개발 지분을 통해서 집을 마련하는 방법, 경공매에서 낙찰 받아 내집 마련하는 방법, 택지를 구입해 직접 주택을 짓는 방법도 있다.

그런데 이런 방법들은 위험성이나 물건 선택의 폭, 취득기간, 비용 등등의 면에서 모두 각각이 지닌 장단점이 분명하니, 적어도 이들의 특장점에 대해서 몇 시간 정도만 공부해두면 자신의 형편에 가장 잘 맞는 내집 마련의 방법을 집중적으로 연구하게 되어 보다 빨리 목적을 달성할 수 있을 것이다.

그래도 이 책을 읽는 소시민으로서 조금이라도 빨리 아담하고 상대적으로 저렴한 주택을 마련하고 싶다면 경매를 통한 방법을 추천하고 싶다. 가장 위험성이 높고, 부지런한 발품이 필요하긴 하나, 그만큼 적은 비용으로 빨리 내집 마련을 할 수 있는 방법이기 때문이다. 위험을 부담하기 싫고, 내집 마련 공부도 하기 싫으며, 몸으로라도 때우는 짓마저 하기 싫다면 자신이 추구하는 안전성과 편리성에 비례해서 수천만수억이 될지도 모를 더 큰돈을 마련하는 수밖에 없다.

어떤 집을 고르는 것이 좋은가?

이런 질문은 누구나 대답하기는 쉬울지는 몰라도 나의 경우에는 일단은 대답해주지만 가장 부담스럽기도 하다.

'과연 어떤 집이 좋은 집인가'라는 관점에서 접근했을 때 '좋은 집'의 정의를 내리기가 여간 까다롭지가 않다.

여러분들도 다음 중에서 좋은 집이라고 판단되는 것을 한번 골라보시라

A : 가족들이 살기 좋은 집
B : 투자가치가 좋은 집. 한마디로 돈 될 집.
C : A, B 두 가지 조건을 모두 갖춘 집.

고르셨는지? 불과 10초도 걸리지 않아서 십중팔구는 C를 선

택하셨을 듯싶다.

조선후기 《택리지》를 지은 실학자 이중환 선생은 좋은 집터와 주택에 대해서 지금도 온전히 귀담을 만한 지침을 남기셨고, 후대의 풍수가들도 이것을 토대로 하여 다음과 같이 좋은 집의 기준을 알려준다.

첫째, 따뜻해야 한다.
둘째, 햇볕 잘 들고 안정감이 있어야 한다.
셋째, 교통이 편리해야 한다.
넷째, 도로에 인접해야 한다.
다섯째, 집 앞의 전경이 좋아야 한다.

"위와 같은 풍수가들의 이론이 그동안 폭등한 집값을 시원하게 설명해주는 근거가 되어주는가?"라고 묻는다면 "별로 상관이 없다"라는 것이 나의 대답이다. 차분히 생각해보자.

시끄럽게 회자되고 있는 일부지역의 고가주택이 위 다섯 가지 요소 중에서 과연 몇 가지나 갖추고 있을까? 선현들의 남겨주신 지혜가 현대에 와서는 맞지 않게 도태된 것일까? 이에 대한 대답은 지극히 상식을 가진 여러분들 본인만이 알 수 있을 것 같다.

굳이 나의 결론이 알고 싶다면 "옛말 틀린 것 하나 없다. 그러므로 위 다섯 가지 좋은 집의 기준 역시 지당하신 말씀이고, 이런 집을 고르는 것이 결국에는 현명한 선택이다"라고 대답해 드리련다.

구태여 위 다섯 가지 이외에도 좋은 집의 기준을 보태자면, 브랜드 가치가 있는 건설사, 대단지 아파트, 우수한 학군, 물 좋은 단지 커뮤니티 등을 꼽는다지만 역시 살기 좋은 집의 본질적인 요소는 위 다섯 가지만으로도 충분하다.

돈이 넘쳐나는 형편이라면 몰라도 한 푼이 아쉬운 여러분들은 내집 마련에 언론이나 부동산업자, 악성 투기세력 등 남들이 설정한 기준 때문에 더 이상은 소모적인 고민하지 말고, 위와 같은 좋은 집의 조건을 중심으로 알아본다면 적어도 가족들이 편안히 쉴 수 있는 집을 마련할 수 있으리라 믿는다.

결국은 내게 좋은 집이 남들에게도 좋은 집이 될 수도 있거니와, 다시 상식이 통하는 세상이 되면 '살기 좋은 집=돈 되는 집'이 될 가능성도 클 수밖에 없다. 굳이 부화뇌동하여 무리를 해서라도 아파트나 인기지역만을 고집할 필요가 있는가?

지금의 분수에 맞춰 살겠다는 각오를 한다면 한 시간 안팎의 도시 외곽지역에는 1억 미만의 훌륭한 연립이나 다가구주택 매물도 넘쳐난다.

좋은 집을 발견했다면?

좋은 집이라고 판단한 근거는 무엇인지 궁금하다.

A : 인터넷 뒤져보다가 혹시나 싶어 한번 가보니 좋은 집이라고 써있던가?

B : 복덕방에 가보니, 중개인이 좋은 매물이라면서 침이 마르게 추천을 해서 끌리던가?

C : 주변에 쇼핑센터와 편의, 문화시설이 가까워서 삶의 질이 좋아질 것 같은가?

A~C의 이유로 인해서 집을 골랐다면 다음 a~c와 같이 잘못된 선택일 수도 있음을 살펴보자.

a : 좋은 집은 한두 번만 봐서는 정확한 판단이 불가능하다. 최소한 다섯 번 정도는 시간과 요일을 달리해서 대중교통과 도보로만 다니면서 조사해보라. 낮에 봤을 때보다 밤에 가서 들여다보니 왠지 분위기가 썰렁하고 칙칙하다면 결코 좋은 집이라고 보기 어렵다. 그리고 집을 고를 때는 반드시 아내의 의견을 70%쯤 반영하는 것이 좋다. 집에 오래 머물면서 살림을 꾸려나가고 남편보다는 많은 동네활동을 할 수밖에 없는 아내의 감각이 훨

씬 더 현실적이고 섬세하기 때문이다.

b : 복덕방 중개인은 중개수수료를 먹고 산다. 당연히 팔려고 받아둔 매물을 어떻게 해서든지 팔아먹어야 자신의 생계가 유지되니, 사소한 지역 호재를 과장하기도 하고, 눈썹이 휘날리도록 내달려도 10분씩 걸리는 전철역인데도 '5분거리 역세권'이라는 억지를 부린다. "이 집은 앞으로 값이 떨어질 겁니다"라고 정직하게 말해줄 중개인은 한 명도 없다. 값이 떨어진다고 하면 자기가 먼저 굶어죽는다.

중개인은 매수인과 매도인의 중간입장에 서있는 자가 아니라 매도인의 입장에 치우칠 수밖에 없는 존재다. 매도인의 매물정보가 자신의 핵심 사업자산이고, 매도인은 자신이 영업하는 동네에서 기득권을 가진 주민이기 때문이다.

최소한 세 군데 이상의 중개인을 만나보되, 주의할 점으로는 각 중개인들에게 구체적인 매수의사를 밝히게 되면, 한 개의 타게팅 된 매물에 대해서 의뢰한 중개인 숫자만큼 매수주문이 발생하므로 집주인은 집값을 더 올려서 팔려고 한다. 예를 들어 당신이 매물로 나온 한 집이 마음에 들어 여러 부동산을 돌아다니면서 그 집에 대한 구체적인 정보를 묻고 다녔다고 하자. 그러면 각 부동산업자들은 다시 집주인에게 그 사실을 알릴 테고, 매물에 관심을 갖는 사람이 당신 혼자라는 사실을 알 리 없는 집주인은 자신의 집이 인기가 있다고 판단해 값을 올린다는 말이다.

이런 중개인을 내편으로 만들면 당초의 집값을 500만 원 이상 싸게 장만할 수도 있다. 내편으로 만드는 방법은 법정 중개 수수료 외에 비공식적으로 수십만 원 상당을 더 챙겨주겠다면서 매수하면 된다. 십중팔구 돌아앉게 될 중개인은 매수인의 입장에서 최대한 좋은 집을 골라줄 것이고, 매도인이 제시한 가격을 단호하게 깎아서 협상해줄 것이다. 이런 곳에 쓰는 돈이 아까운가?

c : 여러분은 막연하게 돈 쓰는 스킬과 노하우를 배우려고 이 책을 사진 않았을 것이다. 돈을 '잘' 쓰는 방법을 알고 싶어서 만 원이라는 거금을 들여 이 책을 선택했을 텐데, 이 책을 다 읽고도 쇼핑, 문화, 편의시설이 가까워서 좋은 집이라고 생각했다면 말짱 도루묵이 된 것이나 진배없다. 책값 만 원 버렸다.

왜 돈을 잘 쓰는 법을 알려고 하는가? 좋은 집을 제대로 얻어서 돈 잘 쓰는 법을 실천해보려는데 우리 집 주변에 쇼핑, 문화, 편의 시설이 많다면 어떤 측면에서는 오히려 나쁜 집이라고 봐도 좋다. 이들 모두가 돈을 더 많이, 혹은 더 쓰기 쉽게 만드는 요소일 뿐만 아니라, 인간을 게으르게 하는 요소가 될 수도 있다.

"당장 보이지도 않은 먼 훗날만 두려워하느니 지금 코 앞의 현실을 만족시키면서 사는 것보다는 더 낫다. 오, 까르페디엠!"

이라면서 타박하신다면 이렇게 다시 반박하겠다.

'까르페디엠'의 뜻인 '지금을 즐겨라'가 말하는 메시지는 미래의 불확실한 위험을 충분히 자각함을 전제로 깔고서, 현재를 충실하고 후회 없이 살아감으로써 행복을 얻고 그 관성으로 미래의 삶까지 꾸준히 이어지게 하자는 의미일진대, 뒷날은 걱정하지 말고 당장의 쾌락을 즐기라는 뜻은 결코 아닐 것이다.

| 건폐율과 용적률 |

주택의 가치를 결정하는 여러 요소 중에서 건폐율과 용적률도 반드시 확인해야 한다.

건폐율이란 말 그대로 '대지를 건물로 덮은 면적'이다. 건물의 건축면적을 대지면적으로 나눈 뒤 100을 곱하면 건폐율이 나온다. 그리고 건축면적은 건축물의 외벽 중심선 면적의 합계와 처마, 차양, 발코니 등은 그 끝으로부터 1m를 후퇴하고 남는 면적을 합한 면적이다.

용적률은 지하층을 뺀 지상층의 합계면적을 전체 대지면적으로 나눈 뒤 100을 곱한 값이다. 단 지상층이라 하더라도 필로티, 지상 주차장이 있을 경우에는 면적을 제한다.

예를 들어보자. 지하 1층, 지상 3층의 정방형 건물이 있다. 계산의

편의상 발코니나 필로티 등은 없다고 하자. 이 건물의 한 층 면적이 100평이고, 총 대지면적은 200평이다.

건폐율 : 100(평) ÷ 200(평) × 100 = 50%

용적률 : 100(평) × 3(층) ÷ 200(평) × 100 = 150%

이 건폐율과 용적률이 낮을수록 조망권이 좋고 층간 간격 등이 넓다는 뜻이므로, 보다 쾌적한 주거공간 및 공용구간을 확보할 수 있다.

참고로 대개 건축이나 대지의 면적을 따질 때 '평'과 'm^2'를 혼용한다. 앞으로는 평이라는 단위를 쓸 수 없게 될 전망이지만, 두 단위의 계산법을 알아두면 혼동을 피할 수 있다.

1평 = 3.3058m^2

1m^2 = 0.3025평

내집 마련에
돈 쓰는 법

좋은 집을 내 것으로 만들려면?

아무리 그 집에 동서남북으로 침 발라 놓고 찜을 해놨어도 최종적으로 계약과 공시(등기)를 완료하는 날까지는 내집이라 할 수가 없다. 여기에 추가로 자금융통(대출) 문제도 있고, 살던 집을 처리하는 문제, 세금 문제, 이사, 인테리어 공사, 기타 법률절차 등등 만만치 않은 일거리들이 남아있다.

이런 경우 부동산중개인에게 상담하면 다소 해결이 되기도 하는데, 앞에서 말한 바와 같이 중개인을 웃돈으로 매수할 때 이런 뒤처리 부분까지 협조를 부탁하며 매수했다면, 알아서 패키지서비스로 도와준다. 단, 중개인 사무소에서 종업원 신분으로 일하는 ○○사무장이니 ××실장이라고 소개하는 중개인과는 수수료 네고Negotiation를 하지 말고 중개사자격증이 있는 대표와 직접 이야기하는 것이 바람직하다.

　예산에는 잡지 않았던 중개인 매수비용을 추가로 지출하게 되었다면, 이와는 반대로 당연히 지출하리라 예상했던 예산 비용을 손쉽게 아낄 수 있는 방법도 있으니, 바로 주택의 법원 등기업무를 대행하는 법무사비용이다. 1~2억짜리 주택을 기준으로 하면 실비를 빼고도 집값의 0.3~0.5%

를 법무 대행수수료로 요구한다. 이 대행수수료에는 등기사무를 처리하는 직원 인건비 외에도, 주택채권 매입과 할인업무의 대행비용도 포함되어 있는데, 사전에 조금만 공부해둔다면 직접 등기를 함으로써 얼마든지 아낄 수 있는 부분이다.

이런 것을 친절하게 설명해주는 부동산 재테크 서적도 흔하고, 인터넷에서 검색하더라도 얼마든지 구체적인 부분까지 알아낼 수 있다. 아무래도 곤란하다면 주택채권 매입이나 할인만큼은 직접 처리하는 것이 좋다. 집값에 따라서는 적게는 수십만 원에서 많게는 100만 원 가까이 쉽게 아낄 수 있다.

이것을 거꾸로 말하면 법무사측에서 과도한 대행수수료를 온갖 명목으로 챙겨먹는다는 뜻이기도 하다.

좋은 집을 더욱 좋게 하려면?

아무리 좋은 집이라고 판단해서 골랐을지라도 훗날 팔 때에 가격이 너무 떨어지거나, 상대적으로 덜 올라서 손해가 되는 경우도 있다. 살면서 예기치 못한 거주상의 불편사항 또한 한두 가지가 아닐 것이다.

어차피 주택도 자기의 고유수명이 있는 법. 살던 집의 건축연령이 15년이 되기 전에는 처분하고 이사를 가는 것이 재테크 측면에서는 유리하다. 5년을 주기로 도배장판을 바꾸도록 할 것이고, 목돈이 들더라도 조명이나 주방, 수납공간 위주로 깔끔한 디자인으로 인테리어 공사를 해두면, 당장 살기에도 편리하고, 훗날 팔 때 투입된 공사비의 두 배 이상의 집값을 받아낼 수 있다.

우리 집이나 단지만 좋다고 해서 좋은 집, 돈 되는 집이 되는 것이 아니다. 주변 어디에선가 소음과 악취가 심하거나 누군가 무단으로 환경을 오염시키는 일이 발생한다면 절대 번거롭다 생각하지 말고 경찰서, 구청 등에 민원을 제기해야 한다. 시정되지 않으면 통반장을 앞세워서라도 지속적으로 공무원들이 제 밥값을 하도록 종용한다. 어차피 쓰도록 정해진 예산, 우는 아기에게 먼저 젖 주는 법이다.

밤만 되면 정체 모를 시커먼 녀석들이 동네 인근에서 고성방가와 노상방뇨를 일삼고, 도로와 조명시설이 파손되어 지저분하고, 집 앞 4차선 도로가 불법주차로 인해서 2차선이 되어버렸다면, 오래도록 남아서 정 붙여서 살고픈, 혹은 남들도 이사 와서 살고 싶을 만한 쾌적한 주거환경이라고 할 수는 없다.

우리 집값이 똥값인 것을 남 탓, 정부 탓만 하지 말고, 자신을 비롯한 지역주민들의 적극적인 주거환경 개선을 위한 실천의지가 부족함을 탓해야 할 것이다.

| 국민주택채권 할인 |

보통은 주택을 매입하면 취득과 등록업무를 법무사에게 맡기곤 하는데 여기서 국민주택채권 매입가격을 부풀려서 법무사가 챙기는 경우가 많다.

국민주택채권 할인율 계산은 '공시지가 혹은 분양가×매입률×채권 할인율'이다. 매입률은 서울특별시와 그 외 지역이 차이가 있고, 개별 공시지가 가격에 따라 다르다. 채권 할인율은 매일 바뀐다. 국민은행, 우리은행, 농협에서 거래일에 따른 할인율을 확인할 수 있다. 예를 들어 매입한 주택의 공시지가가 1억~2억 원이면 주택채권 매입에 드는 비용은 20~30만 원 정도다.

대개 법무사들은 임의로 공시가격이 아닌 매매가로 계산해버리고는 채권 할인율을 부풀린 계산서를 의뢰인에게 준다. 혹시 부풀려진 만큼의 수수료를 정확히 알고 법무사에게 따지고 환불을 요구하면 별로 어렵지 않게 그만큼을 환불받을 수 있다. 어차피 그들을 다시 보게 될 확률은 잭팟 터질 확률보다 낮다.

'경제야 놀자' 놀이

홍청망청 쓰건, 이 책의 주제처럼 합리적인 소비생활을 하건 반드시 선행되어야 할 것이 있다면 바로 '돈벌이'이다.

물론 돈벌이 중에는 어찌어찌 해서 생긴 불로소득도 있겠거니와 이미 갖고 있던 자산이 만들어주는 이자, 배당금, 부동산 차액, 임대료 등으로 인한 돈벌이도 있을 것이다. 하지만 자신의 노무의 대가로 벌어들이는 근로소득 또는 사업소득이 우리 서민들에게 다가오는 가장 현실적인 소득이다.

그런데 이러한 일정한 소득만을 근간으로 하여 소비를 하다 보면 아무리 계획적으로 소비하고 알뜰살뜰 살림을 꾸려나가더라도 뜬금없는 가욋돈이 나가는 경우도 많다. 피할 수 없이 나가는 뜬금없는 가욋돈이 있다면 뜬금없이 들어오는 가욋돈도 있어야 벌고 쓰는 재미가 있지 않겠는가?

최근 〈경제야 놀자〉라는 TV 프로그램에서는 연예인의 집에서 잠자고 있는 쓸 만한 물건을 감정해서 이것을 처분한 돈으로 매회 새로운 금융상품을 소개하고 있는데, 수년간 재테크 상담을 해봤던 나의 경험에서 봤을 때는 별로 설득력이 없는 금융상품들이 과장 왜곡되어 소개되는 사례가 많아서 실망하곤 한다.

그러나 '집에서 잠자고 있는 돈 찾기!'라는 아이디어만큼은 매우 획기적이다. 어영부영 지금은 그 프로가 스타들이 소장한 골동품 또는 귀중품 감정 프로그램 정도로 전락해버렸지만, 어쨌든 사용하지 않는 물건을 차라리 현금화하자는 컨셉만은 높이 사야 한다.

지난해 가을부터 휴직을 하고 가사를 전담하고 있는 아내가 이 '경제야 놀자' 놀이에 한창 재미를 붙였다. 우리 부부는 생긴 것뿐만 아니라 취미나 마인드까지 닮은 점이 무척 많은데, 책을 좋아하는 것도 그중 한가지다. 결혼을 하고서 각자의 살림을 합치고 보니 중복되는 책이 꽤나 있었다. 그밖에도 한 번 읽으면 다시 보게 되지 않는 책, 스테디셀러라 할 만한 고전문학도 많았는데, 그동안 '이걸 언제 처치하나?' 하면서 고민만 하고 있었던 차에, 그 코너에서 착안하여 작정을 하고서 모두 모아놓으니 세

박스나 되었다.

이 책들을 달구지에 싣고 어느 날 뚝섬 서울 숲에서 정기적으로 열리는 '도서벼룩시장'에 갖고 가서 팔았더니 대략 20만 원 정도의 매상을 올렸다. 주차료와 연료비 정도를 빼더라도 19만 원의 이문이 생겼다.

어차피 소용도 없이 재활용쓰레기로 처분될 날만 기다리던 중고도서들이 아내의 재치로 집안에는 넉넉한 공간이 생기고, 한 달 부식비도 챙긴 데다가, 그 책이 필요했던 사람들의 입장에서는 값 싸게 장만할 기회가 생겼으니, 이를 두고 고스톱 용어로 '일타삼피'라고 해야 하려나?

그밖에도 창고에 처박혀 있던 이젠 쓰지 않을 공기청정기와 열가마, 사이즈가 안 맞게 된 옷가지들과 오다가다 예쁘다고 하나씩 사 모은 액세서리, 선물 받았지만 맞지 않아 사용하지 않는 향수나 화장품, 또 누구나 하나쯤은 받아 보았음직한 신용카드 가입 경품, 카드 사용 포인트로 생긴 전기면도기, 백화점에서 공짜로 준 사은품 등등. 주말 하루 날 잡아서 죄다 끄집어내어 그럴 듯하게 디카로 찍어서 인터넷 오픈마켓에서 처분하니 또 40만 원이 넘는 돈벌이가 되었다.

똑똑한 아내가 어련히 알아서 하겠거니 내버려 뒀다가도, 때론 헐값으로 처분하긴 좀 아깝다 싶은 것도 찍소리 못하고 지켜만 보고 있었지만, 결국은 이번 아내의 '경제야 놀자' 놀이는 꽤 배울 점이 있지 않았나 싶다.

여러분들도 지금 당장 찾아보시라. 괜히 버리자니 아까운 생각에 고이 모셔두었지만 결국 사용하지 않고 집안의 공간만 차지하고 있던 애물단지들을 과감히 처분해보라. 분명히 좀더 쾌적한 공간이 생기고, 기대하지 않았던 소득도 생길 수 있으며, 혹시 훗날에 이사라도 하게 되면 불필요한 짐을 줄여 이사비용도 절감할 수 있다.

그렇지만 아내의 이런 '경제야 놀자' 놀이로 인해서 전혀 예측 못한 부작용도 있었으니, 그것은 바로 이렇게 인터넷에 중고물건을 사고파는 시장생리를 파악한 아내가 새로 사야 할 모든 가구가전뿐만 아니라 소소한 집기들까지도 중고제품으로 싸게 사려고 한다는 것이다.

물론 중고품이라고 해서 제 기능에 큰 하자가 있는 것은 아니지만, 한편으로는 남의 손때 묻은 것을 매번 싼 맛에 사서 쓰려니 왠지 찝찝할 뿐만 아니라, 아무리 헛돈을 쓰지 말아야 한다 치더라도 '이렇게까지 살아야 하나?' 싶은 자괴감도 들더라는 것이다.

심지어는 일회성으로, 혹은 잠깐 동안만 필요한 제품의 경우는 중고로 샀다가 실컷 다 사용하고 나면 구매했던 원래가격으로 도로 팔아치우곤 하는 얌체짓(?)을 바라보고 있노라면, 자기 딴에는 알뜰하고 똑똑한 아내라고 자부하는 것 같지만 이를 바라보는 남편의 마음은 영 개운치가 않다. 부러진 손톱도 내 것처럼 아깝기만 한 아내를 보다 좋은 새것으로만, 더 고급으로만 쓰게 해도 부족할 텐데, 어쩌자고 이렇게까지 궁색하게 살게 했나 싶은 자책감도 적지 않은 것이다.

까르페디엠, '바로 지금을 즐겨라'라는 뜻이다. 우리 부부의 불투명한 미래와 노후를 위해서는 지금 열심히 일하고 돈 벌고 아껴야 한다는 합의된 대명제를 위하겠다는 명분은 지킬 만하지만 지금 당장의 우리의 삶을 어디까지 희생해야 할 것인지는 좀더 깊은 성찰을 할 필요가 있을 성싶다.

Tip

| 까르페디엠carpe diem **|**

시간을 즐겨라! 삶을 즐겨라! 현재를 즐겨라!

"과거는 이미 지나가 버렸으니 그리 중요하다고는 볼 수 없고, 미래는 앞으로 다가 올 것이기에 미리 준비해야 하는 것인데 그러자면 미래를 충실하게 준비하기 위해서라도 현재 내가 처한 상황에서 후회 없이 최선을 다하고 나머지 결과는 신에게 맡긴다."

_에피쿠로스

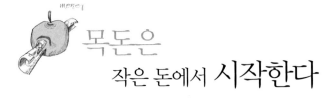

목돈은
작은 돈에서 시작한다

　　긴장과 기대감을 잔뜩 짊어지고서 직장생활을 시작하는 초년생들이 한 달 두 달 짬밥이 생기고, 모은 월급도 꽤 되어간다면 가장 사고픈, 또는 하고픈 것은 무엇일까? 남녀를 불문하고 무작위로 물어보면 짐작한 범위에서 크게 벗어나지 않는다. 섹시한 승용차, 기능 빵빵한 노트북, 해외여행, 1,000만 화소 디카, 구찌핸드백, 시슬리화장품 등….

　　그렇다면 대한민국에서 소위 자수성가했다는 사람들과 항상 돈에 목말라 있는 사람들의 가장 큰 차이가 무엇일까? 전자는 자신의 10년 후를 미리 결정하여 참고 준비하는 사람이고, 후자는 현재의 달콤한 유혹을 이기지 못하고 하고픈 것을 일단 질러

버리는 사람이다.

어느 휴일에 우연히 TV를 보다가 하도 기가 막혀서 저절로 기억이 된 〈소문난 칠공주〉라는 드라마에 등장한 미칠이 부부의 대사이다.

일한 내 월급 뻔한데 자꾸 네 맘대로 매일 비싼 명품 따위와 옷들을 사버리면 어쩌자는 거야?
미칠 뭐가 어때서? 언제 죽을지도 모르는 인생인데, 젊었을 때 안 쓰면 언제 써? 늙었을 때는 별로 돈 쓸 일도 없다더라. 나중에 나이 들어봐. 아무리 좋은 걸 걸쳐도 티도 안 나.

미칠이의 견해에 동감하는 사람이 있다면 다만 동감으로만 그치길 바란다. 이 부부처럼 미래대비 없이 살다가 머지않아 남들에게 아쉬운 소리 하고, 신용불량자가 된 사람이 세 집 걸러 한 명씩 생기게 된다. 틀림없이 미칠 부부는 몇 년 안가서 내가 예전에 살던 아파트 전주인의 꼬락서니가 되고 만다.

26평형 주공아파트였는데, 당시 계약서에 도장을 찍으면서 오고 간 대화.

나 이거 팔고 더 좋은 데로 가시나 봐요?
전주인 김씨 휘유, 말도 마슈. 도로 지긋지긋한 셋방살이 하러

가는 거라우.

(그가 잠시 자리를 비우자)

중개사 저 사람 마누라는 단지에서 소문이 자자해요. 저이는 방송국 간부라던데, 마누라는 무슨 생각으로 사는지 매일 카드 독촉통지서에 부부싸움에 사채업자까지 들락날락하며 시끄럽게 해서요. 곧 이혼한다면서 집을 파는 거랍디다.

돈은 살아있는 유기체처럼 돌고 도는 본능이 있어서, 주머니에서 나간 돈은 단독으로 혹은 다른 돈과 합쳐져서 더 큰 돈의 역할을 하고, 결국 나간 돈보다 더 크게 불어서 오던지 다른 유무형의 효용으로 되돌아오면서 돈 주인을 위하여 많은 혜택을 제공한다.

미칠이가 100만 원짜리 구찌 핸드백을 샀을 때, 그 핸드백은 외출할 때 소품을 담는 효용성 외에, 추가로 미칠이를 위해 다른 돈 값어치를 할 확률이 몇%나 되겠는가? 구찌백을 메고 다니면 주위사람이 자신을 우러러 볼 것이라는 자족감을 기대했다면 대단한 착각이 아닐 수 없다.

누군가 그 명품을 알아보고서 칙사대접을 해준다면, 그 누군가는 골빈 당신을 홀딱 벗겨먹으려는 장사꾼 아니면 바람둥이 양아치일 테니 차라리 소품을 담는 가방이 아니라 우환을 담는 덩어리라 할 것이다.

그 백 가격의 10%만으로도 비슷한 효용을 발휘하는 대용품을 구입할 수 있을진대, 나머지 90만 원으로 저축을 하든지 다른 생산적인 부문에 소비를 한다면 100만 원은 매우 효과적인 가치를 발휘하게 되는 것이다.

다른 사례를 보자.

대학졸업 직후 중견건설기업에서 1년 남짓 일하다 때려치우고 전전하다가, 몇 년 전 꽤 잘 나가는 부동산컨설팅회사로 옮긴 지인 경석군을 겸사겸사 오랜만에 만났다. 그 나이에는 과분하다 싶은 고급세단을 몰고 왔기에, 빚(할부)을 얻어서까지 그런 것은 지나친 것 아니냐고 지적하자, 그는 업무상 그런 겉치레는 불가피함을 피력한다.

"엉아야. 지방으로 물건 보러 돌아다니면, 현지의 떡방 아줌마들조차도 내가 입은 옷이랑 어떤 차를 몰고 왔는지에 따라서 접대하는 차가 다르고 내놓는 물건 수준이 달라져. 그래서 우리 영업이사님은 전세아파트에서 살면서 3억 짜리 벤츠를 몰고 다닐 정도야. 어쩔 수가 없어. 어차피 이것도 투자라고 생각하고 한방 해먹어야지."

"쯧쯧, 그래 많이 해먹어라. 그런데 내가 떡방 사장이라면 너 같은 사람은 '봉'이라고 여길 것 같다. 형도 한때 잘 나간다는 부동산 전문가들과 교류가 있었기에 하는 말이다만, 물건 볼 줄 아는 전문 투자자들은 10만 원짜리 콤비차림으로 버스, 기차타고 다니는 게 오히려 임장활동에 편하고, 선수들끼리는 서너 마디만 던져보면 금방 통한다더라."

부터 나는 외양으로 치장하면 남들로부터 돈 많은 투자자로 보이겠거니 기대하는 그의 심리를 이해 못하는 바는 아니었으나, 비슷한 일을 하면서도 수수한 차림으로 주로 버스, 기차, 택시를 이용하면서 손수 형질조사도 하고, 좁은 골목과 산길도 직접 답사도 하며, 마을 어르신들께는 담배 몇 보루와 막걸리 뇌물로 숨은 정보까지 꼼꼼히 캐내는 Y사장님의 스타일을 한층 더 높이 평가하고 싶은 것은 비단 나뿐만이 아닐 것이다.

어떠한 경우라도 돈을 쓸 때는 나름대로 이유가 있을 것이다. 그렇지만 미래를 고려하지 않은 채 당장의 필요만을 고려해서 소비를 한다면 생각보다 더 빨리 힘든 시기가 다가온다. 사회생활을 막 시작했거나 앞둔 20대들은 막연히 부자가 되고 싶은 욕심만 그득할 뿐 눈앞에 당장 몇 백만 원만 보여도 그 돈을 쓰고 싶어서 환장한다.

사회생활을 좀더 하다 보면 금전운영 경험이 차차 늘면서 계획성이라는 것도 생기겠지만, 어차피 출발시점부터 설계도 없이 시작된 그들의 남은 반백 년 인생은 십중팔구가 '서민층' 이하의 삶에서 허덕이면서 자신의 팔자를 남 탓, 정부 탓만 할 뿐이다.

나는 월급이 1백만 원이건 3백만 원이건 신입사원으로부터 시작해서 40세가 되기 전에 적어도 내 집 한두 채는 가지게 되고, 하고픈 것들을 다하진 못해도 적어도 하기 싫은 것은 하지 않으면서 살 수 있을 정도의 재산을 만들 방법을 알고 있다.

여러분의 이해를 돕고자 이 방법을 제대로 실천하고 있는 실제 인물인 어느 소녀가장(?)을 소개하고자 한다. 본인은 한사코 이 책에 등장하기를 꺼려했지만, 겨우 양해를 얻어서 이니셜만 밝힌다.

주인공 H양은 1981년 생으로 닭띠 처녀다. 여섯 살 때부터 엄마도 없이 경제적 능력이 거의 전무한 아버지와 단둘이 살게 되었는데, 24살에 집을 얻게 될 때까지 한 겨울에도 온수가 나오지 않는 셋집에서 살았단다.

겨울에 따뜻한 물을 만들기 위해 버너를 켜지 않아도 되는 가정을 부러워했던 그녀는 어린 나이에도 불구하고 독한 세상에 대해 어렴풋이 알게 되었고, 본능적으로 돈에 대한 감각을 키우게 되었다.

어찌어찌해서 힘들게 여상을 졸업하고 조그마한 기업에 입사했더니 첫 월급은 65만 원! 그녀는 10~15만 원을 생활비 등으로 쓰고, 나머지는 모두 저축했다. 지금도 옷가지와 소품은 시장에서 최소한만 사고, 화장품은 샘플 따위를 얻어 쓰기도 하고, 기초 로션 정도만 아주 조금씩 덜어서 쓴단다.

그런 그녀의 모습은 몹시도 구릴 거라고? 천만의 말씀이다.

직장에서는 물론이고, 지하철이나 버스에서도 그녀에게 추근대는 녀석들이 일 년에 한 다스는 된단다. 물론 미모 때문이라기보다는, 약간 마른 체형에 깨끗하고 단정한 모습, 그리고 조신한 처신 때문이다. 이런 모습으로 가꾸는 데 과연 몇 푼어치의 돈이 들까?

그녀가 첫해에 모은 돈이 약 700만 원. 이듬해부터는 해마다 회사가 잘되어 연봉도 오르고 보너스도 늘어서 해마다 그 이상을 저축했다. 중간에 아버지가 사고를 내서 600만 원을 까먹기도 했지만, 약 5년 성도 지나니 결국 4,000만 원이 모였다.

이렇게 꾸준히 모으면서도 틈틈이 내 집 마련을 위한 준비를 게을리 하지 않았고, 아는 사람의 도움을 얻어서 경매로 나온 고양시의 24평짜리 연립주택에 입찰하여 시세보다 3,500만 원 싼 3,800만 원에 낙찰을 받았다.

마침내 10년이 넘도록 갈망하던 온수가 철철 나오는 내 집이 생긴 것이다. 어린 나이 때부터 한겨울에도 찬물로 손빨래를 하느라 손이 꽁꽁 얼어붙었던 기억이 새록새록 떠올랐고, 아버지는 딸을 껴안고 펑펑 눈물을 쏟았단다.

"애걔개?" 하는 사람이 있을지 모르겠다. 요즘 서울 중소형 아파트값이 3억, 5억이던데 겨우 그 정도 집 장만한 것이 대단한 일이랍시고 소개를 하느냐고 말이다. 단언컨대, '애걔개'라고 한 사람은 앞에 소개했던 경석군, 김씨의 아내, 미칠이 등과 하등

다르지 않다.

나는 자신 있게 말할 수 있다. H양이 40세가 될 때까지 지금의 자세를 유지할 수 있다면, 최소한 대한민국 5% 안의 부자가 될 수 있다.

나는 가끔 인터넷 메신저나 전화로 그녀와 연락하면서 투자 자문도 해주고, 정보교환도 하면서 근황을 파악하고 있다. 한참 세월을 더 살아온 나를, 감히 남들을 가르치기도 하는 내 자신을 부끄럽게 만들기도 하는 그녀의 열정과 근검한 생활을 보고 있노라면, '세상에는 나의 스승들이 참으로 많기도 하구나'라는 깨달음을 얻는다.

지난해 여름 종로의 서점에서 우연히 그녀를 만났다. 그녀의 낡은 가방에는 어디서 빌린 듯한 두꺼운 경매서적이 삐쳐 나와 있었는데, 기왕 관심을 갖게 된 것이니 자격시험도 따고 싶어서 서점에 왔단다.

"H양아, 너무 돈에 집착하는 건 좋지 않아. 지금 한창 인생의 자양분을 만들 나이잖아. 소설, 영화도 보고, 잡지도 보면서 문화감각을 쌓는 것도 중요한데도 허구한 날 이런 거만 들여다보면 정서적으로 너무 각박해질 수도 있잖냐?"

"걱정 마세요. 우려하시는 만큼 돈에 집착하진 않아요. 제가 꿈 많은 캔디라는 걸 모르시나보네? 그렇지만 이런 걸 아는 것과 모르는 것은 천지 차이라는 것을 잘 아는데, 왜 몰라서 손해

를 보겠어요? 큰 부자 될 자신은 없지만, 이젠 돈 때문에 아쉬워
할 일은 만들지 않으려고요. 오랜만에 만났는데 저녁 쏴도 되
죠?"

보는 이에 따라 그녀의 과거가 구질구질해 보일 수도 있을 것
이다. 그렇지만 지금 방귀 좀 뀌면서 산다 하는 자수성가형 부자
들은 그녀를 보면 고개를 끄덕이며 퍽이나 대견스러워 하지 않
을까? 아마도 또래의 아들을 둔 부모라면 당장 며느리로 삼고
싶어 할 것이다.

Tip

| 부동산 경매 |

시가보다 적게는 10~20% 많게는 50%이상까지도 싸게 내 집을
마련할 수 있는 경(공)매를 알아보자. 부동산경매에는 크게 법원경
매와 공매로 나눈다.

법원경매 개인과 은행권 등의 채권자가 채무자 소유 부동산을 압
류, 환가하여 채권을 확보하는 강제경매와 저당권, 전세권 등 담보
권 실행으로 경매를 진행하여 채권을 확보하는 임의경매가 있다.

공매 한국자산관리공사에서 진행하는 공매와 은행 등 금융권에
서 자체적으로 실시하는 공매 등이 있다.

한국자산관리공사에서 실시하는 공매물건에는 유입자산, 고정

자산, 수탁자산, 압류자산, 국유 자산 등으로 구분하는데 유입자산은 공사가 금융기관으로부터 사들인 인수자산을 말하고 수탁자산은 기업이 공사에 매각을 의뢰한 자산 압류자산은 세금을 못내 지방자치단체에 압류된 자산을 말한다.

경매입찰 방법 입찰참가자는 경매일에 법원에 나가 최저가 이상으로 입찰가를 적어 입찰봉투에 넣어 제출한다. 이때 입찰보증금은 최저가의 10%(재경매시 20~30%)로 입찰봉투에 함께 넣어 제출한다.

낙찰가는 한 사건에 응찰한 입찰봉투를 일괄 취합하여 즉석에서 발표하고, 그 중 최고가 입찰자를 낙찰자로 결정한다.

공매입찰 방법 입찰에 참여하기 위해서는 입찰 사이트인 온비드(http://www.onbid.co.kr)에 회원으로 가입을 한 뒤 거래은행에서 인터넷뱅킹 용인증서인 공인인증서를 발급 받아야 한다.

공매 입찰공고는 매 2주마다 신문지상이나 인터넷을 통해 이뤄지고 공매 입찰은 공고 후 4주후에 실시된다. 이어 공고를 통해 게시된 공매물건에 대해 검색을 한 뒤 관심 있는 물건에 대해 인터넷상에서 입찰서를 작성해 제출하면 된다.

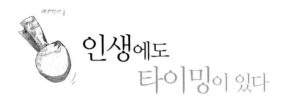

인생에도 타이밍이 있다

　　자칭 자수성가했다는 사람은 흔해도, 부모
로부터 물려받은 자본 하나 없이 맨땅에 헤딩하듯이 제법 재산
을 모은 진짜 자수성가를 한 사람은 우리 주변에서 찾아보기 어
렵다. 그것도 30대쯤의 젊은 나이라면 더더욱 그러하다.

　　앞에서 소개했던 H양이나 연예리포터 김생민의 사례에도 나
타나듯이, 작은 성공이라도 거두기 위해서는 그만큼의 희생과
투자가 필수적이다.

　　다른 성공학 서적에서도 쉽게 찾아볼 수 있는 지루한 잔소리
를 다시 꺼내고 싶지는 않다. 이번에는 단지 ×× 두 쪽뿐이지
만 오랜 세월을 오로지 '돈만큼은 남들보다 많이 벌고야 말겠다'

는 강력한 잠재의식을 끝끝내 잃지 않음으로써 성공한 사람의 이야기를 해보려 한다.

단지 '돈이 많았으면 좋겠다'라는 막연한 물욕만이 아니라, 돈이 없으니 얼마나 서러웠는지, 그래서 자주 소박한 욕심까지도 포기할 수밖에 없었던 뼈저린 경험을 수십 년 동안 잊지 않고 살아간 이가 있다.

수년 전 잠시 수원에서 기거하던 시절. 매월 단골로 이발하러 갔던 'Mr.욱 헤어' 사장 이기욱 씨.

그는 나와 동갑이었는데, 인건비 덜 드는 풋내기 종업원 한 명만 데리고도 하루에 사오십 명의 머리를 만진단다. 성의가 없지 않나 싶을 정도로 재빠르게 가위질을 하지만, 솜씨도 솜씨거니와 손님들의 비위를 기가 막힌 말발로 녹여주는 재주 또한 탁월해서 10대부터 70세 할머니들에게까지 인기짱이다.

내가 아는 그의 종교는 불교, 기독교, 천주교이고, 그가 지지하는 정당도 두어 개는 된다. 어쩌면 그의 고향은 열 군데가 넘을지도 모른다.

아버지를 일찍이 여의고, 많은 형제들을 키우느라 고생하시던 엄마도 3남인 MR.욱이 고등학교 1학년 때 중병을 앓게 되셨다고 한다. 부득이 야간실업계로 옮기고서 곧바로 이런 저런 돈벌이에 나섰다가 군대 시절에 이발병으로 복무하게 된 것이 인연이었는지, 끝내 이 바닥에서 잔뼈가 굵게 되었다.

동네 미용실 보조로 시작한 미용경력 초기에는 하루에 14시간이 넘게 선 채로 머리를 만지고 감기다 보면 팔다리 근육이 저릿해지고, 가위 잡던 오른손은 그야말로 감각이 없어질 정도였단다.

그러나 돈이 없어서 공부도 제대로 못했던 10대 시절과 제대로 된 치료도 못 받으신 채 떠나보낸 엄마를 생각하면서 무엇보다도 돈을 많이 벌어야겠다는 집념을 놓지 않은 채 동료들보다도 더 열심히 미용기술도 익혔다. 견습 미용사 시절엔 얼마 되지도 않았지만 이찌이찌 아껴서 힘들여 모은 3,000만 원을 전부 해외 미용기술 연수경비로 투자했단다. 어학문제는 어떻게 해결했는지 모르겠다.

> Mr. 욱 형씨! 그 바닥에 계시다고 해서 그러는데요. 요즘엔 목돈을 어떻게 굴리는 게 좋수?
>
> 나 (끽해야 몇 천 되는가보다 싶어서)얼추 얼마나 되는데요?
>
> Mr. 욱 마누라가 들어놓은 적금 1억이랑, 다음 달에 아파트 판 거 잔금 받으면 또 2억 남짓 될 겁니다.
>
> 나 헉! 그 나이에 가위질만해서 벌써 그렇게 모았어요? 큰 부자시네. 도대체 얼마나 버시기에 벌써 그렇게 모았대요?
>
> Mr. 욱 뭘 그 정도 갖고 그러슈? 그만큼 했으면 월 1천 정도는 껌이지. 다 지들 하기 나름이에요.

후에 들은 바로는 그는 당시에도 최소한 10억 가까운 자산을 가진 알부자고, 평촌의 꽤 큰 아파트에서 산다고 한다.

그의 성공기를 단순하게 분석해보더라도 24살에 군 제대 후 견습 미용사로 출발해서, 3년 후에는 1년 코스 유학과정까지 마치고 곧장 미용실을 차렸다고 했으니, 결과적으로 보면 차곡차곡 새는 돈 없이 잘 모았다가 결정적인 기회라고 판단한 타이밍에 모아둔 돈 3,000만 원을 올인 베팅한 것인데, 지금은 10억이 되었으니 총 투자수익률이 얼마인가? 얼추 계산해도 3,300%의 수익률을 기록한 셈이다.

여러분들 중에 "나도 Mr.욱처럼 월 1,000만 원씩 벌면 그렇게 모을 수 있다"라는 분이 있다면 되묻고 싶다.

"당신은 매월 Mr.욱의 현재 같은 수익모델을 만들기 위해서 힘든 견습 시절에 그만한 노력을 했을 성싶은가? 매월 그렇게 많이 벌더라도 번 돈의 90% 이상을 꾸준히 저축할 만한 인내심은 없는가? 그리고 자기계발을 위해 모든 것을 올인할 수 있는 용기는 있는가?"

돈은 무작정 덜 쓰고 모으기만 한다고 부자가 되는 것은 아니다. 때로는 자신이 노렸던 타이밍이 온다면 설령 가진 것을 모두 건다 하더라도 철저한 계산을 깔고 과감하게 투자할 만한 안목과 감각을 길러야 하는 것이다.

앞으로 십수 년이 다시 흐른 후에 Mr.욱이 어떤 모습으로 살아가고 있을지 함부로 장담은 못하겠다. 혹시 도박에 빠져서 서울역 8번 출구 쪽 바닥에서 뒹굴고 있을 수도 있고, 그 집념이 꺾이지 않은 채 열심히 살다가 건물 몇 개씩 가지고 임대료만으로도 잘 먹고 사는 전주가 되어있을 수도 있다. 앞으로야 어찌되든지 과거에 그가 내게 보여준 인내심과 용기는 틈만 나면 내 주변의 많은 이들에게 소개해 주는 살아있는 교범으로서도 전혀 부족함이 없다.

Tip

| 대출금 상환 방식 |

남의 돈을 빌려 쓴 뒤 갚을 때에는 여러 가지 방식이 있다. 갚는 방식에 따라 상환기간과 이자액이 달라지므로 각자의 형편에 따라 적절한 방식을 먼저 선택해야 한다.

원리금 균등분할 상환

만기까지 매월 상환하는 총금액이 똑같다. 이것은 대출의 월 원금상환에 대한 매월의 이자를 만기까지 계산하여 총 이자금액을 산출한 후 원금과 이자의 합계금액을 대출기간으로 일정하게 나누어 매월 같은 금액을 갚아나가는 것이다.

원금 균등분할 상환

매월 상환하는 원금은 대출금액을 대출기간(개월수)으로 나누어 일정하게 상환하고 이자는 매월 상환하고 남은 잔액에 대해 매월 계산해서 지급하는 방식이다. 대출금리가 변함이 없다면 매월 조금씩 대출원금이 줄어드는 것만큼 이자도 조금씩 줄어든다. 만기 이전에 원금을 갚을 여력이 좀더 있다면 유리한 방식이다.

만기일시 상환

만기일시 상환형은 매월 이자만 납입하다가 원금은 만기에 한꺼번에 상환하는 방식이다. 매월 상환 부담이 적다는 장점이 있지만, 만기까지의 총이자액이 가장 많을 수밖에 없고 만기에 원금 전체를 갚아야 할 부담이 크다.

거치 후 원리금 균등분할 상환

거치기간 동안은 일정기간 이자만 지급하다가 거치기간이 지나면 전체 대출원금 대한 매월의 이자를 만기까지 계산하여 총 이자금액을 산출한 후 원금과 이자의 합계금액을 대출기간으로 일정하게 나누어 매월 같은 금액을 분할상환토록 하는 것이다.

거치 후 원금 균등분할 상환

거치기간 동안은 원금상환을 유예한 채 일정기간 이자만 내다가,

거치기간이 지나면 남은 대출원금을 대출기간으로 나누어 만기까지 일정하게 갚아나가게 하고 이자는 매월 상환하면서 남은 잔액에 대하여 매월 계산하여 지급하는 방식이다. 따라서 거치기간이 지난 직후에는 분할 상환원금과 대출금에 대한 월이자를 지급하므로 상환액 부담이 크고 기간이 경과할수록 줄어드는 대출잔액만큼 이자 부담도 줄게 되어 전체 상환부담을 덜 수 있다.

시간을 쓰는 것도 소비다

　　　　　태어나서 걸음마를 배우기도 전에 탁
아소에 맡겨지고, 자의건 타의건 사람노릇을 하기 위한 언어와
학문을 익혀서 학교를 다 마치면 대개는 월급쟁이가 된다. 이 월
급쟁이들의 장래소망은 어렸을 때부터도 샐러리맨이었을까?

　작금의 꽤 많은 부모된 자들의 행태를 보자면, 자식에 대한 그
릇된 교육관으로 아이의 재능이 무엇인지는 아랑곳하지도 않은
채 한글도 못 깨우친 아이에게 고액의 영어 과외를 하고, 동시에
너댓 군데의 학원을 보내다가, 조기유학을 보내는 둥 자신들의
관점으로 자식들의 미래를 결정하려고 한다.

　수십 년이 지나면 그 결과가 어떠할까? 지금의 기성세대도 마

찬가지지만 각자가 하나 이상씩 타고난 재능을 알아서 제대로 계발하고 활용해서 성공하는 사람을 쉽게 찾아볼 수가 없다. 꼬박꼬박 잘 나오는 월급에 길들여져서 그나마 월급쟁이로 오래 버티는 것이 재능의 하나라고 주장한다면 할 말은 없다.

무협지나 인생역전 드라마의 패턴을 보면 주인공의 초창기는 어리버리한 똘마니의 모습으로, 혹은 부모의 은원관계에 얽혀서 갖은 고초 속에 살다가 우연히 절세무공 비급을 얻거나 초절정무공의 사부님과 인연이 닿아 자신의 재능을 발견하게 되고, 그 재능을 갈고 닦아 세상의 풍운아가 된다.

그러나 우리들은 이런 주인공의 특별한 성공이 단지 '우연한 행운'이라고만 치부해버리고서는 여전히 쉽게 잊어버린다. 그리고는 다시 코앞에 닥친 일을 버거워하며 하루하루를 월급쟁이로 부대껴 사는 나날로 돌입, 끝내는 자신의 재능이 무엇인지 고민해보지도 않은 채 그저 그런 인생의 한 자락으로 살아갈 뿐이다.

이제 소개할 인물은 절세무공의 소유자는 아니지만 '별볼일 없던 인생, 우연히 만난 사부, 특별한 능력'의 과정으로 나름대로 성공한 30세 처녀다.

나는 해마다 재주 한 가지씩 익히겠다며 스스로에게 약속한 바가 있어서 이를 실천하고자 매년 12월이 되면 '내년엔 뭘 할까' 하는 행복한 고민에 빠지곤 했다. 우연히 동호회 회원으로부터 수상학(손금) 이야기를 듣게 되어 나도 그걸 배워보리라 결정하고는 곧장 그의 사부님이라는 분을 찾아갔다.

그가 소개한대로 삼성동의 어느 오피스텔로 갔더니, 통통하고 작달막한 처자가 문을 열어준다.

나 수상학 배우러 소개 받고 온 건데 선생님 안 계시나요?

처자 아~ 오신다던 그 분이구마. 근디 이런 거 안 배워도 묵고 살 만한 양반이 무땀시 비싼 돈 내감서 배울라꼬 하신다요?

나 아이고, 선생님이군요. 안녕하십니까? 쇤네에게 많은 가르침을 부탁드립니다요. 근디 제가 먹고 살 만한 놈인지 어찌 아신대요?

(이제부터)사부 똥인지 된장인지 찍어서 맛을 봐야 안다요? 관상 본께 그렇다고 하는디. 손 좀 내밀어 보쑈. (한동안 양손을 들여다보더니) 쯧쯧, 잔머리는 겁나게 발달했구마잉. 결혼도 허벌나게 늦게 하고, 인복은 잔생이도 없응께 기대도 하지 말고 자수성가나 하소.

나 (저절로 나오는 사투리로) 음마음마? 워찌 그걸 다 아신다요? 워~메 귀신이 따로 없구마잉.

그렇게 우리 사제의 인연은 시작되었고, 두어 달 동안 독선생으로 모시다가 자연스레 사부가 그간 봐줬던 고객들 이야기, 심지어 온갖 진상을 떠는 사람, 강남의 부자들, 잘 나가는 스타들의 뒷이야기까지도 듣게 되었다. 특히 사부가 직접 말한 사부의 스토리가 인상적이었다.

사부는 천성적으로 병약한 몸으로 태어나서 수차례의 죽을 고비를 넘기는 등 부모님의 애를 태우면서 자라다가, 초등학교를 졸업하자마자 어느 암자의 스님에게 맡겨졌다. 한동안 그렇게 살지 않으면 안 될 것이라는 계시를 받았는가 싶다.

영문도 모른 채 산골의 암자에서 몇 달 지내다 보니 스님께서 "넌 친생이 남의 팔자 봐주는 사주니까, 지금부터 내가 가르쳐주는 작은 재주 하나만 잘 배워두면 평생 써먹을 것이다"라고 하면서 손금 보는 법을 알려주셨단다.

죽지 않으려고 집을 떠나와서는 엉뚱하게도 손금을 배우고, 재미를 붙여서 온갖 관련서적을 탐독해 이론도 보강하고, 관상이니 타로까지 독학으로 공부했단다. 절을 오가는 사람들을 대상으로 실전경험을 쌓다가 6년 후에야 하산을 했다. 그 후 다시 부모님과 살면서 검정고시로 고등학교까지 마치고 야간대학에 진학했다.

부모님은 딸의 재능을 잘 알았지만 절대 그것을 직업으로 삼지는 못하게 하셨다. 효녀노릇하느라 그녀는 방송작가 아카데미를 수료하고, 한동안 방송작가로 활동했다. 예전 인기 시트콤 〈순풍산부인과〉, 〈세 친구〉 중에서 몇 코너가 자기 작품이라면서 으쓱해 한다.

사부 근디. 넘들이 생각하는 것과는 달리 작가질이 재미도 없
고, 오랫동안 해먹자니 영 갑갑합디다. 그렇지만 엄니가 그리
도 싫어하시는데 그 재주를 본업으로 삼을 수도 없어서 내내
께끄름했지라.

나 어떤 계기로 집을 나와서 다시 이 계통으로 옮긴 거유? 젊
은 나이에 이 바닥에서 자리 잡기가 무척 힘들었을 텐데?

사부 계기가 따로 있가니? 내가 잘하는 짓이 뭔지 잘 아는디….
하고 싶은 걸 접어두고 엄니 말만 들어야 하는 게 옳은 건지
징허게 고민했었죠잉. 동료작가들은 세 꼭지를 쓰는 동안 나
는 수집해둔 손금과 관상사진만 쳐다보느라 한 꼭지도 못써
서 PD한테 완전히 찍히기도 했었구. 하지만 지금 보니 어떻
소? 요즘은 소개로 오시는 손님들이 더 많아져서 조수가 필요
할 정도 아니가니? 지금 웬만한 내 나이 또래는 한 달에 보름
정도 일하고 오륙백씩 못 벌지라? 저서도 두 권이나 있당께~

사부는 절에 기거하는 동안은 물론이고 작가 일을 하면서도
자신의 재능을 살리기 위해 적지 않은 세월을 제대로 소비했다.
**돈을 잘 쓰는 것도 합리적인 소비요, 제한된 시간을
효과적으로 쓰는 것도 마찬가지로 합리적인 소비다.**

자신의 재능이 무엇인지 알려고도 하지 않은 채 그냥 남들이 큰 탈 없이 잘 사는 것 같으니, 그것이 모범인생인 줄만 알고 그 코스대로만 살아가게끔 어릴 때부터 사육되고 세뇌되어버린 우리들의 인생. 이 순간부터라도 자신들도 모르게 퇴화되고 있는 재능을 빨리 발견하고 그것을 개발하는데 자신의 돈과 시간을 집중했으면 좋겠다.

　덧붙이자면 사부에게 배운 이 재주가 무척 재미있지만 나는 이 재주를 업으로 삼을 생각은 아직 없다. 내 손금의 이중두뇌선과 시교선, 그리고 두툼한 월구에서도 나타나듯이 나의 재능이 무엇인지 잘 알고 있고, 아직은 이 재능을 더 살리고 싶기 때문이다. 게다가 지금까지만 해도 손금을 통해서 본전은 충분히 건지고도 남았다. 여태 200여 명이 넘는 회사 동료와 업체 담당자들, 가까운 친인척들의 손금을 감정해주면서 아까운 술값과 기타유흥비 등을 크게 지출하지 않고도 훨씬 더 허물없이 지낼 수 있게 해준 도구가 되어주었기 때문이다.

　그래도 혹시 아는가? 훗날 나이 들어 직장을 떠나게 되면 이 재주가 노후를 지탱하게 해줄런지?

| 손금(수상학)의 정확성 |

어지간히 손금을 잘 본다는 고수들이라 할지라도 맞출 확률을 물어보면 약 80%쯤 된다고 한다. 그럼 나머지 20%쯤은 고수들마저 손금을 잘 몰랐거나 맞추지 못했다는 뜻일까?

적어도 내 사부와 내 생각은 이렇다. 손금은 과거를 나타내기도 하고 곧 다가올 미래를 미리 보여주기도 하지만, 사람의 운명은 특별한 계기라든지 개인의 노력으로 얼마든지 변화시키기도 하고, 돌발적인 주변환경의 변화로 인해 그 사람의 운명 또한 손금이 예시한 대로 구현되지 않는 경우가 있으므로 그것이 20%의 오차로 나타난다. 심한 경우 손금은 주 단위로도 변하곤 한다. 없던 손금이 나타나거나, 기존의 흐릿했던 손금이 진해지기도 하고, 선명하던 손금의 모양이 바뀌기도 한다.

물론 사주, 관상도 마찬가지로 손금 또한 삶을 살아가는 데 참고할 만한 조언 정도로만 그 활용가치를 부여해야 하는데, 이를 지나치게 신봉한 나머지 운명의 틀을 그 안에 가두어 버린다면 천하의 어리석은 사람이다. 반면에 손금에 대해 제대로 알고 적절히 활용한다면 자신도 미처 몰랐던 재능과 장단점, 중대한 결정이 필요할 때, 혹은 건강상의 이상 징후 등을 미리 알 수 있으므로 훗날 기회가 된다면 틈틈이 배워두기를 권한다.

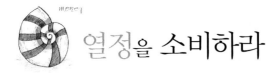

열정을 소비하라

　　　　　　　　내가 다니는 회사는 매월 한 번씩 직원들
을 대상으로 외부 유명인사를 초청해 강연회를 개최한다. 한 번
은 '총각네 야채가게'로 유명한 이영석 사장의 강연이 있었다.

　그는 방배동의 부잣집 아들이었지만 다른 형제와는 달리 지지
리도 공부하는 게 싫었는데, 뭐든지 몸으로 때우는 걸 좋아했고,
뭔가 다른 인생을 살고 싶었더란다. 하도 부모의 속을 썩여서 집
에서 쫓겨날 정도였다는데, 한때는 한강시민공원에서 오징어 장
사도 해봤단다. 그러다가 중고트럭을 사서 야채장사를 시작하면
서 몇 년 지나지 않아 지금의 연매출 500억의 농수산물 유통시장
의 큰손으로 성공을 거두게 되었다며 스스로를 자랑스러워한다.

강의 내내 우렁차고 자신감 넘치던 그의 강연 중에 놓칠 수 없는 뼈가 있었으니 "하고 싶은 일이면 그것을 하라, 설사 사장이 아니면 어때? 내가 주인이라고 생각하고, 남들 잘 때나 쉴 때 같이 쉬지 말고 부서지게 해보라"는 것이다.

그는 또한 다음과 같이 역설했다.

"자신이 이루고자 하는 큰 목표가 있다면 무슨 일이라 할지라도 그 일을 즐겁게 할 수 있다. 즐겁게 혹은 미친 듯이 한 일이라면 당연히 누구보다도 잘 할 수 있게 된다. 누구보다도 잘할 수 있는데 그 일에서 성공을 못할 리가 없지 않은가?"

우리 주변의 성공주역들은 자기가 하고픈 일이라면 기득권을 기꺼이 집어던지고 재능과 목표에 배팅을 했다.

이영석 사장과 손금사부, 이기욱 사장에게 공통점이 있다면 자기의 재능이 무엇인지 정확히 꿰뚫어서 그것을 더욱 계발하기 위해 넉넉하게 가진 시간과 정열을 효과적으로 소비한 사람들이라는 점이다. 그들은 자신의 젊음과 시간이 가장 큰 밑천임을 알았고, 설령 가지고 있던 모든 것이 실패의 과녁에 도착했을지라도 다시 얼마든지 재도전할 수 있는 자신감까지 갖춘 사람들이었다.

오랫동안 대다수의 유약한 우리 부모들은 자신들이 만들어놓은 '월급쟁이 만들기' 커리큘럼을 따를 것을 자식들에게 강요했고, 그래서 남들보다 좋은 대학교에 가서 월급 잘 주는 회사의 샐러리맨으로 살아가라고 몸소 실천해 보여주셨다. 그러나 우리는 똑똑한 효자가 되어야 한다. 그 방법의 하나가 더 늦기 전에 '학부모출판사'에서 펴낸 ≪머슴 만들기 교과서≫를 저 멀리 집어던지는 일이 아닐까?

> **Tip**
>
> 당신이 이전에 성취하지 못한 깃을 얻기 위해서는, 당신 자신이 완전히 새로운 사람이 되어야 한다.
>
> _브라이언 트레이시

티끌 모아 태산 만들기

기능별 저축계좌 쪼개기

예나 지금이나 드라마를 보면 돈 때문에 어려움을 겪는 주인공을 위해 그의 부모나 친구가 갖고 있던 통장들 적게는 예닐곱 개씩 꺼내놓으면서 도움을 주는 장면이 드물지 않게 나온다. 재테크에 대해서 잘 모르는 사람이라면 '한두 개면 되지 뭐하려고 저렇게 많은 통장으로 쪼갤까? 얼마가 쌓였는지 일일이 정리하기도 힘들겠다'라면서 의문을 가졌으리라.

카메라 앵글을 그 통장들에 맞춰 확대했더라면 그게 뭐였는지 궁금증이나 덜했으련만, 화면은 금방 바뀌어서 아쉬운 마음이 떠나질 않았었다.

그러나 지금 그 화면을 떠올려보면 아마 그 통장의 종류를 대신 소개해줄 수 있을 듯하다.

먼저, 기본적으로 청약저축(부금)통장, 월급이 들어오는 입출금통장, 입출금기능이 있지만 적지 않은 금리를 주는 CMA통장, 장기주택마련저축(예전 같으면 재형저축)통장, 1~3년 만기 적금통장, 정기예금 통장, 기타 펀드나 연금저축 통장 정도일 것 같다.

아직도 돈 쓰는 맛만 알고, 돈 모으는 맛을 모르는 여러분들의 유효 통장수가 몇 개냐고 묻는다면 아마 월급이 들어오는 통장 외에 왠지 하나쯤은 있어야 할 것 같아서 터둔 적립식 계좌 정도가 아닐까?

CMA

이젠 이 책을 읽은 김에 입출금계좌를 CMA로 바꾸는 것을 고려해보자. 인터넷으로 검색하면 CMA에 대한 정밀한 정보를 얻을 수 있으니, 이 지면에서 설명하지는 않으련다. 다만 이 CMA를 활용하는 팁 정도는 알아두자.

☜ 당초에는 동양종금증권, 금호종금, 한불종금 등의 전문종합

금융사에서만 취급이 된 상품이었으나 최근부터는 일반 은행, 증권사에서도 CMA계좌를 개설할 수 있다.

☙ 금리가 연 3.5~4.5%로 일반 저축통장보다는 높지만 여전히 정기예적금보다는 1~2%가 낮다. 그러므로 언제 어떻게 쓸지 모를 비상예비자금을 넣어두거나, 월급이나 자동이체가 되는 입출금기능으로만 활용하도록 하고, 6개월 이상 확실하게 묵혀둘 돈이라면 다른 예적금을 이용하도록 한다.

☙ 급여통장을 CMA로 해두면 연중 평잔(기간 중 잔액의 평균치)이 100만원이라고 가정했을 때 일반은행 입출금통장의 경우 이자가 세후 1~2천 원이지만, CMA는 3~4만 원에 이른다. CMA에 넣어서 3만 원의 이자를 챙겼으니 연말에 이 돈으로 가족들이 모여 케익과 족발을 가운데 두고서 조촐한 송년회를 할 정도는 되겠다.

☙ 간혹 은행과 증권사에서 CMA와 유사한 MMF와 MMDA를 권유하지만, 전혀 혹할 필요가 없다. 예금자보호 측면이나, 수익률, 일반인 접근성 측면에서도 CMA가 여전히 낫다. 거꾸로 말하면 CMA는 취급하는 금융기관 입장에선 별로 돈이 안 되는 상품이고, MMF나 MMDA는 파는 놈이 돈되는 상품이란 뜻이다.

달이 바뀌고, 심지어는 날이 바뀔 때마다 들어보지도 못했던 신종 금융상품이 쏟아지고 있다. 우리 부모님 세대에서는 기껏해야 부금이나 적금이 유일하다 싶을 정도의 저축상품이었다. 그런데 지금은 어떠한가? 펀드를 필두로 저축성 보험, 주식저축 등의 기본형 상품에 온갖 명목의 이름을 붙여서 시장에 내놓고 있다.

그렇지만 이런 신종 적립상품들이 갖고 있는 속성을 제대로 알고서 저축을 하는 사람이 몇이나 될까? 아직도 나는 적금의 위력을 누구보다 맹신하고 있다.

단지 이자와 수익률의 개념으로만 보면 어쩌면 적금이 제일 꼴찌일 수도 있고, 너무 재미도 없기도 하므로, 요즘 같은 최첨단 시대에는 점점 외면을 받는 게 당연한지도 모른다. 그렇지만 적금은 저축하는 사람으로 하여금 끈기와 성실을 요구한다. 우공이산愚公移山이란 고사도 있지 않던가? 아무도 거들떠보지도 않고 시도하지도 않았지만 결국은 꿋꿋이 해내는 그 의지와 끈기, 마치 우공이 산을 옮기듯 진드건한 자세가 곧 적금의 매력이다.

1년 만기도 채 못 채운 사람이 만기적금을 타는 맛을 어찌 알겠는가? 1년을 채운 사람은 3년도 채우고, 10년도 안 깨다가 끝내는 큰 목돈을 손에 쥐고 집도 사고 땅도 산다.

적금은 정해진 확정이율의 의미도 있지만, 원금을 한 푼도 깨지 않고 끝까지 지켜준다는 점에서 더욱 적금을 소중하게 여길 줄 알아야 한다.

혹여 만기가 되기 전에 해지해야 할 부득이한 사정이 있다면, 적금 담보대출이 있다. 비단 적금뿐만 아니라, 예금에도 있고, 투자신탁상품(펀드)같은 상품에도 수익증권 담보대출이 있어서, 통장과 신분증만 가져가면 적립금액의 일정한도(90%안팎) 내에서 약간의 이자(1~1.5%)만 부담하고 대출을 받을 수 있으니, 이 점을 활용한다면 만기가 얼마 남지 않은 적립형 상품을 끝까지 지켜갈 수 있다.

적립형 투자상품에 가입해도 될까?

대표적인 것이 적립식펀드다. 워낙 선풍적인 붐을 탄 것이라 그 개념은 잘 아시리라 믿는다. 게다가 해외펀드까지 가세하여 무슨 펀드는 수백%의 수익률을 냈다고 광고하며 적금 가입자를 유혹하고 있다.

그렇지만 어디까지나 펀드는 투자고, 원금손실의 위험도 감수해야 하며, 펀드에 딸린 각종 수수료도 정확히 이해할 필요가 있다. 그리고 우리가 기대하는 수익률에도 상당한 오해가 있다.

참고로 2006년 한 해 동안 주식형 펀드는 평균 0.86%, 채권형 펀드는 4.71%의 수익률을 낸 것으로 집계된 바 있다.

그리고 펀드수수료는 해마다 2~3%를 꼬박꼬박 빼간다. 수수료는 크게 판매수수료와 운용보수로 나뉘는데, 운용보수의 경우 해마다 투자원금의 0.5~1.5%를 떼어간다. 예컨대 2006년에 총 적립금이 1,000만 원이라면 판매수수료를 포함해서 20만 원을 수수료로 떼가고 2007년에 또 1,000만 원을 넣었다면 이젠 합산된 2,000만 원에 대한 운용보수를 뗀다는 것이다. 돈 맡긴 사람 입장에서는 투자손실이 나더라도 수수료와 보수를 떼인다는 것이고, 돈을 맡은 놈 입장에서는 고객의 돈이 투자손실이 나건 말건 자기 몫은 챙겨간다는 것이다. 얄팍한 재테크 지식으로 인해 유행에 휩쓸린 나머지 이런 위험률 높은 투자상품에는 특별한 주의가 필요하다.

주택 마련을 위한 저축 따로 관리하기

이 제목만 보아도 딱 떠오르는 상품이 두 가지 이상만 된다면 여러분의 내공이 기초수준은 벗어났다고 봐도 무방하겠다.

먼저 무주택자이고 세대주라면 '주택청약저축'이 있다. 전용면적 85㎡(대개 33평 상당) 이하 규모로서 '국민주택'을 분양, 또는 임대받을 수 있는 통장이다. 단 가입 후 2년이 지나야 1순위가 되며, 만 20세 이상의 세대주여야 한다. 앞으로 부동산 정책이 또 어떻게 바뀔지는 몰라도 임대주택, 국민주택을 분양 받더라도 싼 맛에 너무 오래 살 생각을 하지 않는 것이 좋다. 단지 임대주택이란 이유만으로, 단지가 작고 싼 집에서 산다는 이유만으로 생기는 말도 못할 정도의 불이익은 오래된 편견으로 인하여 쉽게 사라질 것 같지는 않다.

그 다음으로 주택청약부금과 청약예금이 있다. 이중 청약부금은 전용면적 $85m^2$ 이하의 민영주택과 민간건설국민주택(18평~25.7평)을 청약할 목적으로 가입하는 적금이다. 처음부터 일정액의 목돈을 예치해야 하는 청약예금과 달리 매월 5만 원~50만 원 범위에서 자유롭게 불입할 수 있다.

청약예금과 같이 20세가 넘는 사람이면 무주택자거나 세대주일 필요 없이 1인 1계좌가 가입 가능하고, 청약저축처럼 2년(24회)을 불입하면 1순위 자격이 생긴다.

부금에 가입한 뒤 2년이 지나면 전용면적 $85m^2$ 초과 평형을 분양받기 위해 청약예금으로 바꿀 수 있다. 이것도 적금이라면 적금일테니 반드시 하나쯤 만들어두고 2년이 지나도 깨지 말고 묵혀두는 것이 좋다.

청약예금은 민간 건설업체가 짓는 민영주택을 분양받을 자격을 얻기 위해 가입하는 예금상품이다. 각 지역별로 청약이 가능한 희망 면적에 따라 가입 시에 일시불로 납부하는 방식이다. 한 꺼번에 목돈을 넣어두고 6개월이 지나면 2순위, 2년이 경과하면 1순위 청약자격이 생긴다. 청약부금과 마찬가지로 모든 시중은 행에서 가입이 되며 2년마다 한 번씩 청약 가능한 평형을 바꿀 수 있다.

마지막으로 주택마련 상품 중에는 장기주택마련저축이 있다. 만 18세 이상의 무주택자이거나 국민주택 이하 1주택자 및 전 용면적 85㎡(25.7평)이하 1주택 소유자로서 세대주만이 가입할 수 있다. 분기에 300만 원까지 한도 내에서 1인 복수계좌도 가 능하고, 만기는 7년 이상이며 은행에 따라서는 최고 50년까지도 가능하다. 7년만 넘기면 비과세인데다가, 연말 소득공제 혜택 도 만만치 않다. 5년만 넘기면 해지하더라도 소득공제 받은 부 분을 토해내는 일도 없다. 나는 장기주택마련저축으로 인한 연 말정산 환급분으로 해마다 60~70만 원 가량의 수익 아닌 수익 을 얻고 있다.

속칭 '장마'라고 불리는 이 상품을 잘 활용하면 적어도 연수 익율 8~9%에 이르는 혜택을 볼 수 있으므로, 근로소득자라면 꼭 가입해두어야 할 상품이다. 국내의 어떠한 펀드나, 국공사 채, 기타 장기투자 상품에 이렇듯 장기적으로 이런 수익률을 내 는 금융상품은 없다. 여윳돈이 있다면 무조건 장마에 먼저 월 625,000원까지는 불입하는 것이 좋다. 연간 합산 750만원까지 소득공제혜택을 볼 수 있기 때문이다(불입액의 40% 적용).

물론 여러 계좌를 만들어서 나누어서 불입해둔다면, 혹시 모를 중도해지 시에 군이 적금 담보대출을 받을 일도 없이, 곶감 빼먹듯이 하나씩 해지해서 써먹으면 된다. 단 2009년까지만 판매되므로 미리미리 1만 원이라도 갖고 가서 계좌를 5개 이상 만들어 두자.

위의 주택마련 저축상품은 저마다의 기능이 있으므로 해당사항이 있다면 반드시 우선순위로 가입해두는 것이 좋다. 그러나 그마지도 해당이 안 된다면, 그다음으로 비과세 상품인 생계형 저축이나 세금을 덜 떼는 세금우대 상품에 가입한다.

그러나 무엇보다도 이런 각각의 저축상품은 만기까지 초심을 잃지 말고 불입하겠다는 실천의지가 중요하다. 모인 돈이 몇백만 원만 되어도 마치 이 돈으로 어딘가에 쓸 생각에 안절부절하다가 결국은 방정맞게 해지해버리는 사람이 더 많다.

남들처럼 자가용을 굴리고 싶어서 승용차를 사버렸다면 그야말로 최악의 선택이다. 차량의 가격만이 문제가 아니다. 그동안 붓던 적금의 월 불입액에 육박하는 유지비도 문제거니와, 자가용이 제공하는 기동 편의성으로 차량유지비 외에도 필요치 않은 더 큰 소비를 자주 하기 때문이다.

'우공이산=부자의 길'을 기억해두면 말년이 편하다.

| 복리의 효과 ⇨ 72의 법칙 |

나이 20살부터 돈을 모으기 시작한 사람과 40쯤 되어서야 돈 모으기를 시작한 사람이 50살쯤 되어서 어떤 차이가 있을까? 다음에 소개하는 72의 법칙을 알면 보다 확실하게 빨리 시작해야 할 필요를 절감하게 될 것이다.

"72법칙"이란 복리의 마술을 알려주는 법칙이다. 이와 관련한 유명한 사례로 초기 미국 이민자들과 당시의 맨하탄의 인디언원주민과의 거래를 들 수 있다.

1626년 네덜란드계 이민자들이 당시 인디언들에게 맨하탄 섬의 대가로 지불한 것은 겨우 24달러 상당의 장신구 따위였다. 이 거래를 두고 지금의 맨하탄 섬의 가격을 따지는 호사가들은 설왕설래 말이 많다. 주식투자를 좀 한다는 사람이라면 다 아는 펀드매니저이자 월가의 영웅 피터 린치는 당시 인디언들이 땅값으로 받은 물건을 현금으로 바꿔서 연리 8%의 채권에 복리로 투자했을 경우 360년이 흐른 1989년에 그 가치가 무려 32조 달러에 이른다고 설명한 바 있다.

여기서 볼 수 있듯이 무엇보다 중요한 것은 최대한 일찍 시작해서 오랜 기간 저축하라는 것이다. 가능하면 여러분처럼 한 살이라도 젊을 때부터 저축을 시작하고, 또 만기가 되기 무섭게 저축한 돈을 써버리기보다는 그 돈을 계속해서 저축하는 사람만이 복리의 쾌락을 만끽할 수 있다는 것이다.

복리는 투자하는 사람 입장에서는 시간을 돈으로 만들 수 있는 매력적인 마술인데, 무식하게 계산하려면 무척 어렵지만, "72법칙"을 알고 적용하면 복리계산을 쉽게 할 수 있다.

만약 1억 원을 가진 사람이 2억 원으로 만드는 데 얼마의 기간이 필요할까 계산하고 싶다면 72법칙을 사용하면 된다. 예를 들어 수익률이 연간 5%라고 가정하면 72를 5로 나누면 되는데, 나눈 값은 14.5년이다. 만약 지금 가진 얼마의 돈을 10년 뒤에 따블로 불리고 싶다면 과연 매년 몇%의 수익률을 올려야 할까? 이번엔 72를 10으로 나눈다. 계산해보면 매년 7.2%의 수익률을 올려야 한다고 나올 것이다.

0원으로 시작하는 재테크

지난 해 말엽. 나이차가 좀 많았지만 사석에서는 형동생으로 편하게 지내던 2년차 사원이 하는 말이다.

"형님! 돈은 어떻게 모아야 해요? 한때는 재테크 전문가라고 하셨으니 10억 모으는 방법 좀 핵심만 찔러주심 안 돼요?"

"10억을 모으기 위한 핵심이 뭐라고 생각하냐?"

"다 그러던데요? 잘 벌고 잘 굴리는 거라고요."

"땡! 그럴 줄 알았어. 너같이 생각할 바에는 차라리 로또를 사는 게 더 빠를 거다."

학업을 마치고 사회초년생이 된 새내기들은 누구나 월급이 들어오는 통장을 만들고, 매월 들어오는 돈에 대해서 좀더 불리고 싶어 하는 욕심에 일단 주위에서 말하는 적금이나 펀드에 가입한다. 조금 센스가 있다 싶으면 요즘 유행하는 CMA통장을 개설하여 몇만 원 정도의 추가이자를 챙기는 정도다.

남들처럼만 따라 하면 적어도 바보 소리는 안 듣게 될 터, 그러다가 역시 남들처럼 몇 년이 지나도 1,000만 원이라도 모으는 것은 고사하고 마이너스통장과 자동차 할부, 카드 결제대금 갚기에 바쁘다.

지금도 가끔은 자의반 타의반으로 사회초년생 혹은 주부들을 대상으로 소규모 강의를 하는데, 그때마다 목돈을 모으는 비법으로 한결 같이 세 가지를 강조한다.

1. 10만 원씩이라도 현금 모으는 맛을 느껴라.
2. 놀고 즐기는 시간에 돈 버는 공부를 하라.
3. 들어오는 돈과 나가는 돈을 습관으로 통제하라.

적금 먼저 시작하라

목돈을 모아보려는 초보자에게 적금의 의미가 갈수록 퇴색되어 가고 있다. 저축금액이 적을수록 더욱 그러하다. 집도 사고 결혼도 하려면 빨리 목돈이 모여야 할 텐데, 연 2~3%에 불과한 상대적으로 형편없이 적은 수익률을 보자니 가슴이 답답한 것이다. 그렇지만 이런 수익률의 잣대만으로 적금을 바라보는 것은 어리석다. 적금은 연 4~5%의 확정금리 몇 푼에 의미를 두기보다는 원금이 100% 보장되는 확실성이 있고, 일정기간 동안 반강제적으로 일정금액을 불입하게 하는 것에서 그 의미가 있다.

적금의 대안으로 유력한 목돈마련상품인 적립식펀드는 순수한 투자상품이다. 매월 불입금액을 자유롭게 할 수 있고, 최근 수익률은 적금의 몇 배 이상을 상회하지만 원금을 보장해주지는 않는다. 주식시장의 상황에 따라서 수익률이 들쭉날쭉 하다. 사실상 만기가 정해져 있지도 않아서 90일 정도만 지나서 해지(환매) 신청을 할 수 있다.

바로 이점이 적금의 심리적 우월성이다. 펀드는 언제든 해지할 수 있다는 점과, 원금과 수익의 변동성은 초보자가 장기적으로 꾸준히 저축하여 목표한 목돈을 만들기에는 오히려 독이 되는 일이 많았기에 적금으로 시작하라는 것이다.

적금은 필요에 따라서는 만기가 되기 전에라도 적금 담보대출을 활용하면 적립된 금액의 90~95%까지는 적은 금리만으로도 자금 활용을 할 수 있다.

그리고 초기에는 적금의 만기를 1년 단위로 짧게 하는 것이 좋다. 3년, 5년짜리 적금도 있지만 만기를 채우기가 만만치 않을 것이다. 처음에는 1년 단위로 짧은 만기를 정해서 곧 만기까지 채우게 되면 그것은 만기까지 아끼고 견뎌낸 성취감으로 승화되어 더 많은 돈을 저축하고 싶고, 더 큰 목표를 세우는 것을 가능케 한다.

만기가 된 목돈은 어떻게 할까?

어렵사리 모은 돈을 다른 적금에 넣을 수는 없다. 이제는 적립형 상품이 아닌 거치식(예치식)상품에 넣어서 이 돈을 온전히 지키면서 기왕이면 조금이라도 수익을 내야 할 텐데, 가장 대표적인 것이 은행과 저축은행에서 취급하는 정기예금이다. 이와 비슷한 예금상품으로 CD(양도성 예금증서)와 표지어음, 종금사에서 파는 발행어음 등도 추천할 만하다.

예를 들어 어느 초보자가 1단계로 1억 원 정도를 목표로 했다면 50% 정도인 5천만 원 정도가 모일 때까지는 이 예금과 적금에 충실할 필요가 있고, 이 기간 중에 투자공부를 하라는 것이다. '투자'는 말 그대로 자본을 던진다는 것이다. 버는 곳에 제대로 던져지면 다행이지만, 잃는 곳으로 떨어지면 돈 날리는 것이다. 공부하며 준비한 사람은 버는 곳으로 조준할 확률이 높고,

돈 버는 공부는 안 하거나 남들만 따라 하
는 사람은 돈을 잃게 될 확률이 훨씬 높아
진다.

☐ 돈을 버는 공부는 것은 어떻게 할까?

　시중에 나온 재테크 책을 몇 권 읽어주는 것은 기본이
다. 그렇지만 초보자가 보아서는 안 될 책도 꽤 많다. 나
역시 몇 군데 출판사나 재테크 저자들과의 인맥이 있어
서 부동산을 비롯한 재테크 서적이 출간되면 주로 증
정을 받아서 읽게 된다. 그러나 열에 예닐곱은 형편없
는 짜깁기 복제판이거나 저자의 돈벌이용 냄새가 풍기
는 책이었다. 쌈박해 뵈는 제목에 현혹되어서도 안 되겠
고, 베스트셀러라고 해서 모든 사람들에게도 좋은 것은
아니다. 기본에 충실한 내용인지, 오랫동안 이 바닥에서
잘 버텨온 전문가들인지를 판단하고서 고르도록 하자.
　기왕 얘기가 나왔으니 내가 읽은 책 중에 초보자들에
게 적합하다 싶은 기본서 세 권만 추천한다.

이 책들은 일주일 정도를 출퇴근 시간 동안에 독파할 수 있는 책이다. 그러나 아직도 버스와 전철에서는 책을 읽는 사람보다는 잡지와 스포츠 신문을 열독하는 사람이 훨씬 많다. 우리 인생에 잡지와 스포츠 신문이 이로울지, 위 책들이 이로울지는 새삼더 말해서 무엇 하겠는가.

알면서도 하지 않는 것이 대다수 예비 가난뱅이들의 행태다. 이 게으른 대중들은 머잖아 부자가 아닌 가난한 자의 줄에 서서 자신의 가난에 대해서 남 탓만 할 뿐, 나태했던 자신 탓을 하지 않는다. 이들은 주말이면 가족들을 핑계로 놀이공원에도 가고, 외식하러 나가거나, 집에서 빈둥대며 TV를 본다. 현재의 만족에 충실할 뿐이다.

그러나 예비 부자들은 주말이면, 심지어는 퇴근 후라도 모델하우스를 보러 다니면서 좋은 집에 대한 안목을 키우고, 틈나면 우량기업을 발굴하기 위해서 경제신문과 투자전문가의 보고서를 뒤적이고 기업정보와 재무제표 등을 검색하면서 호시탐탐 투자타이밍을 노리고 있다. 이들은 한평생 동안 돈을 벌게 되는 타이밍이 몇 번 오지 않는다는 것을 알기 때문에, 평소에는 꾸준히 아끼고 실탄을 모았다가 언제 지나쳐버릴지 모르는 투자타이밍을 결코 놓치지 않을 태세다. 이들은 미래의 만족을 위해 현재의 만족을 잠시 미룬 자기통제형 인간이다.

돈의 흐름을 통제하라

버는 것은 투잡을 하지 않는 한 일정한 범위와 흐름이 있다. 회사나 자기 사업장에서 더 열심히 일해서 승진을 해서 몸값을 높이고, 사업소득을 늘리거나, 기타 새로운 부업거리를 찾는 것이 수입을 통제할 수 있는 방법이다. 수입은 일정한데 지출만 늘려서는 마이너스가 되는 것은 시간문제일 뿐이다.

대부분의 샐러리맨들에게 있어서는 수입을 늘리라고 하기보다는 지출을 줄이라고 하는 것이 더욱 쉽다. 그러나 막상 지출을 제대로 통제하는 사람은 생각보다 적다.

지출을 통제하려면 먼저 가계에서 월 단위로 돈 나가는 항목을 모두 체크해보자. 온갖 영수증, 고지서, 관리비, 통신비 등 증빙되는 것뿐만 아니라, 현금으로 지출되는 교통비, 경조사비, 점심값, 이미용비, 군것질, 어르신 용돈까지 주욱 나열해보자.

아마 항목수로 따지면 50가지는 넘을 것이다. 마트에서 준 영수증 하나만 보더라도 장당 구입품목이 열 가지가 넘을 것이고, 하나하나 따져보면 안 써도 될 곳에 쓴 항목과, 덜 쓸 수 있었던 부분도 3분의 1이 넘을 것이다.

　바로 이렇게 자신에게 솔직하게 모든 것을 까발리고 반성하는 것에서부터 지출이 통제될 수 있다. 4주마다 미용실에 갔었다면 앞으로는 6주마다 간다든지, 화장품, 치약, 화장지를 3분의 1만 아껴 쓴다든지 하는 식으로 작은 습관의 변화만으로도 얼마든지 지출요소를 줄일 수 있다. 앞에서 언급했던 경조사비용도 사고방식의 선환으로 절반수준으로 통제할 수 있을 것이다.

　이러한 지출의 통제를 도와주는 것이 가계부다. 가계부는 적어도 3일에 한 번 이상은 써야 한다. 지출기록은 자주 보면 볼수록 빈틈이 보이고, 자주 쓸수록 반성을 하며 다짐을 하게 된다.

　매월 100만 원의 지출을 제대로 통제하여 70만 원으로 줄게 하면 여윳돈 30만 원이 생긴다. 공짜나 다름없는 이 돈으로 10년간 적금을 들면 약 4,500만 원의 목돈이 생긴다. 적금대신 매월 30만 원씩 유망한 가치주에 투자했다면 1억 원이 넘는 돈을 만지게 될지도 모른다. 오호, 수입의 증가 없이도 단지 지출만 통제했을 뿐인데도 이렇듯 엄청난 자본이득을 챙길 수 있다니!

　사회에 갓 들어온 초보자들은 초기에 좋은 습관을 가져야 한다. 작은 습관 한 가지만 빨리 바꾸어도 10년 후의 통장잔고가

바뀌고, 20년 뒤에는 가난뱅이의 줄을 벗어나 부자의 줄로 갈아
탈 수 있다.

Tip

| 재테크의 실천을 도와주는 추천도서 |

1. 사무엘 클라슨《바빌론 부자들의 돈버는 지혜》

2. 조성근《한국형 땅부자들》

3. 김철상(쥬라기)《인디안 기우제 투자법》

4. 한상언, 이경숙《바보들은 적금통장만 믿는다》

5. 강서재《나는 남자보다 적금통장이 더 좋다》

　지금으로부터 3년 전에 출간된 졸저《착한 부자들의 잘 벌고 잘 쓰는 법》을 쓰면서 문득 들었던 생각이다.

　"잘 버는 방법이 뭔지는 얼추 알겠는데, 어떻게 돈을 써야 잘 썼다고 할 만한 걸까?"

　'돈을 잘 쓴다'라는 의미는 좋은 곳에 돈을 쓴다든가, 아껴서 쓴다든가, 보다 효과적인 방법으로 돈을 썼음을 의미할 수도 있다. 그러나 자칫하면 돈을 잘 쓰려면 왕소금 인간이 되어야 한다는 오해도 생길 수 있고, 얌체같이 써야 할 것 같은 의무감도 든다.

　왕소금인간과 얌체 같은 사람이 돈을 아끼기는 하지만 돈을 잘 쓰는 사람은 결코 아니다. 돈을 잘 쓰기 위해서는 단지 아끼는 행위 말고도 적재적소에 돈 쓰는 타이밍을 알아채는 지혜가

필요하고, 소비심리에 대한 깊은 성찰과 돈을 쓰게 하는 요인에 대한 분석도 필요하다.

　이 책을 인터넷에서 샀더라면 9,000원이면 충분할 것을 서점에 가서 10,000원을 주고 샀다면 돈을 잘 쓰지 못했다고 할 수 있을까?

　1,000원이 더 들었으니 적어도 절약을 했다고 할 순 없지만, 막연하게 인터넷에서 소개한 이 책의 정보만 믿고 샀다가 막상 그 내용을 보고 나서는 10원도 아까울 수 있을 터이고, 직접 서점에 가서 책을 뒤적이다가 확신을 가지고 10,000원에 샀는데, 그 내용이 자신에게 금과옥조와도 같은 내용이 되었다면 경우에 따라서는 1억 원 이상의 가치를 발휘할 수도 있을 것이다.

　소박한 내 마음으로는 이 책의 내용 중 단 개의 챕터라도 독자님들의 기억에 남게 되어 앞으로 삶을 살아가면서 딱 한번이라도 헛돈을 쓰게 될 일을 막아주었으면 한다. 그렇게 해서 남게된 돈이 이 책값 10,000원보다는 더 큰 돈이었으면 한다.

적어도 국내에서는 돈을 잘 쓰자는 것을 테마로 한 단행본서적이 없는 것으로 안다. 물론 잘 쓰는 법에 관한 전문가도 자료도 찾아보기 힘들 것이다.

그만큼 우리에게는 너무도 당연한 일상의 상식 차원으로만 여겨왔던 측면이 없진 않았을 텐데, 막상 여태껏 살아오면서 수천수만 번씩 돈을 썼던 매 순간마다 일상의 상식을 발휘하여 "지금 나는 돈을 제대로 쓰고 있는 것인가?"를 한 번씩만이라도 숙고했었다면 여러분의 통장잔고는 지금보다 열 배 이상은 불려있지 않았을까?

e.p.i.l.o.g.u.e.

　아무리 쉽고 좋은 책이라도 비록 뛰어난 집중력으로 정독을
했더라도 한번만 읽어봐서는 저자의 의도와 지혜를 온전히 내
것으로 만들기 힘들다. 거꾸로 말하면 모든 저자는 한번만 보더
라도 최대한 많은 지혜와 의도를 독자에게 전달하도록 저술을
해야 할 의무가 있다.

　이러한 의무와 도리를 위해서 중산층 이하의 정서와 눈높이
에 맞추고자 경제적으로 여유롭지 못한 삶을 살아가는 사람들
을 사례로 인용했고, 심지어는 싸가지 없이 직설적인 표현과 은
어, 속어까지도 동원해서 전반내용이 보다 현실감 있게 다가서
도록 하기 위한 채신머리 없는 선택을 했다.

　돈을 잘 쓰는 사람은 무엇보다 같은 돈을 쓰면서도 효과가 없
는, 혹은 생색도 안 나는 일이 없을 것이고, 더 적은 돈을 쓰면서

도 같은 효과를 누린다. 이런 사람은 헛돈을 안 쓰기 위해서 수입지출을 효과적으로 통제함으로써 같은 돈을 버는 다른 이들보다 더 많은 재산을 가지고 있다.

　이 책에서는 부자가 되는 법에 대해서는 그리 많이 소개되지 않는다. 부자가 되는 법에 대해서는 나보다 더 부자이고 잘난 분들이 많은 노하우를 이미 공개했기 때문이다.

　자신의 힘으로 성공한 부자들은 하나같이 이렇게 말한다.

　"돈을 잘 벌고, 모으는 것도 중요하지만, 가진 돈을 잘 지키는 것이 가장 낫다"

　지금 곁에 있는 아내와 결혼하지 않았다면 이 책을 쓸 결심도 못했을 것이고 바쁜 직장을 핑계로 하여 기한 내에 탈고하지도 못했을 것이다.

좀더 나이가 들어서 누군가 내게 성공한 인생이었는지 묻는
다면 다른 것은 몰라도 이것만큼은 성공했다고 자부할 수 있을
것 같다.

난 괜찮은 여자를 만나서 결혼생활에 성공했고, 이 동반자와
함께 평생 검약하는 삶에 성공했습니다.

쓸 때마다 논 버는 기분, 지갑 속 지출테크닉

소비생활백서

초판 1쇄 펴낸날 2007년 06월 15일
초판 3쇄 펴낸날 2022년 05월 24일

지은이 구재성
펴낸이 김현태
펴낸곳 책세상
등록 1975년 5월 21일 제2017-000226호
주소 서울시 마포구 잔다리로 62-1, 3층(04031)
전화 02-704-1251
팩스 02-719-1258
이메일 editor@chaeksesang.com
광고·제휴 문의 creator@chaeksesang.com
홈페이지 chaeksesang.com
페이스북 /chaeksesang **트위터** @chaeksesang
인스타그램 @chaeksesang **네이버포스트** bkworldpub

ISBN 978-89-7013-646-2   03320